Die ersten Menschen
in Europa

Die ersten Menschen in Europa

VON DIETRICH MANIA

THEISS

Sonderheft 1998 der Zeitschrift
»Archäologie in Deutschland«

Lektorat:
Verlagsbüro Wais & Partner

Umschlaggestaltung:
Atelier Jürgen Reichert, Stuttgart
unter Verwendung einer Zeichnung
von Christian Paschold, Erfurt

Produktion:
Verlagsbüro Wais & Partner, Stuttgart

Die Deutsche Bibliothek –
CIP-Einheitsaufnahme

[Archäologie in Deutschland / Sonderheft]
Sonderheft ... der Zeitschrift „Archäologie in Deutschland". -
Stuttgart : Theiss
Reihe Sonderheft zu: Archäologie in Deutschland
1998. **Mania, Dietrich: Die ersten Menschen in Europa.** - 1998
Mania, Dietrich:
Die ersten Menschen in Europa / von Dietrich Mania. -
Stuttgart: Theiss, 1998
(Sonderheft ... der Zeitschrift „Archäologie in Deutschland" ; 1998)
ISBN 3-8062-1245-7

Gesamtherstellung: Spiegel Buch GmbH, Ulm
Printed in Germany
ISBN 3-8062-1245-7
ISSN 0176-8522

Inhalt

Prolog

»An einem so schrecklichen Platz wie beispielsweise Europa konnten Menschen nur dank Lagerfeuer, Kleidung und Wohnhöhlen überleben, also nur mit Hilfe unserer Kultur, nicht mit unserer Biologie.«

Mit dieser Äußerung hat Phillip Tobias, ein bekannter Anthropologe aus Südafrika, das auffallendste Merkmal der frühen Menschheit in Europa charakterisiert. Der europäische Kontinent mit seinem durchschnittlich kühlen Klima hatte keinen Anteil an den ersten Schritten der Menschwerdung. Diese fanden in den tropischen und subtropischen Klimagebieten Afrikas statt, jenes Kontinents, der als einziger aus einer großen zusammenhängenden Landmasse südlich und nördlich des Äquators besteht. Das war die Voraussetzung für ausgedehnte, durch das warme Klima beeinflußte Landschaften und Vegetationszonen, in denen seit mindestens 25 Millionen Jahren auch jene Entwicklung ablief und zuletzt zu dem führte, was wir sind: zum Menschen.

Er stellte etwas völlig Neues unter allen Lebewesen dar. Im Unterschied zu ihnen ist er »ein Wesen, das sich seiner selbst und seiner Handlungen bewußt ist«. Dank dieser Bewußtheit, genauer, dank seiner geistigen und den damit verbundenen körperlichen Fähigkeiten schuf er sich technische, geistige und soziale Mittel, mit deren Hilfe ihm die Erschließung anderer, bis dahin unbekannter Klimazonen und Umweltverhältnisse gelang.

Eine ständig im Widerstreit mit der Umwelt vorangetriebene Weiterentwicklung dieser Mittel, deren Gesamtheit die »Kultur« darstellt, verhalf ihm dazu, immer ungünstigere Umweltverhältnisse zu bewältigen. Wir bezeichnen diesen Prozeß der aktiven Anpassung als »kulturelle Adaption«. In ihrem Verlaufe erst erreichten frühe Menschen auch Asien und Europa, also die nördlicher gelegenen kühlen Breiten, zu denen auch Mitteleuropa gehört.

Die neuen Lebensräume in den kühleren Breiten mit ihrem jahreszeitlichen Klimarhythmus, zusätzlich aber auch mit den langfristigen Umweltveränderungen unter dem Einfluß der Klimaschwankungen, bildeten intensive Reize, die sich fördernd auf die weitere Ausbildung der geistigen Fähigkeiten des Menschen und seiner Kultur auswirkten. Der Schwerpunkt in der menschlichen Evolution verlagerte sich somit mehr und mehr auf das Gehirn und in die sozio-kulturelle Sphäre. Die Folgen dieser Entwicklung kennzeichnen die paläolithischen Fundstellen des frühen Menschen in Europa.

Doch zunächst einige Rückblicke auf die Evolution des Menschen, bevor er die nördlichen Breiten erreichte.

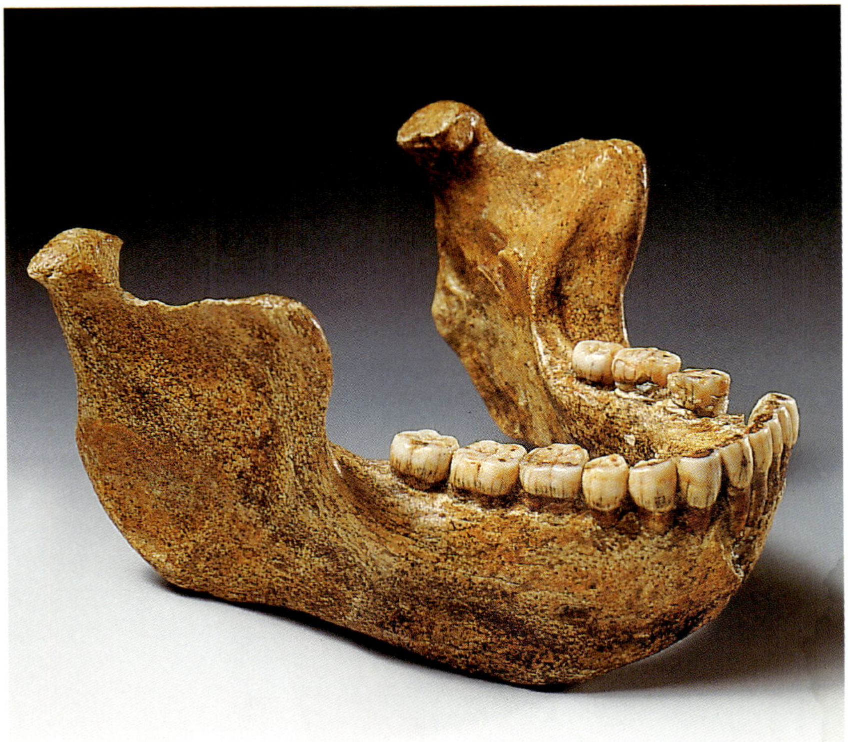

1 Der Unterkiefer des »Homo heidelbergensis« von Mauer. Etwa 550 000 bis 600 000 Jahre alt.

Es geschah in Afrika

Die stammesgeschichtliche Entwicklung des Menschen war ein Teil jener letzten großen Entfaltung einer Organismengruppe, die die Erdgeschichte erlebt hat und die in dem nach ihr so benannten »Känozooikum« ablief. Das war die schon lange Zeit im Schatten der Saurier vorbereitete Entwicklung der Säugetiere, die zu Beginn des Tertiärs vor etwa 65 Millionen Jahren alle Teile der damaligen Welt erfaßte. Eine ihrer Gruppen, die Affen, ging bereits im frühen Tertiär aus wenig spezialisierten, kleinen Insektenfressern hervor. Sie spaltete sich im Miozän vor etwa 25 Millionen Jahren in die Neuweltaffen und die Altweltaffen auf. Innerhalb der letztgenannten Gruppe entwickelten sich die Menschenaffen. Zuerst zweigten die Gibbons ab, dann die asiatischen Großaffen, zu denen die Orang Utans gehören. Erst später folgten ihnen die afrikanischen Großaffen. Vor 5 bis 10 Millionen Jahren entwickelten sich in Afrika zunächst die Gorillas. Gegen Ende dieser Zeitspanne sind die Schimpansen als die dem Menschen am nächsten stehenden Verwandten des Tierreichs zu fassen. Ihre Abzweigung von der gemeinsamen Entwicklungslinie muß sich dort befunden haben, wo wir die direkten Vorfahren des Menschen vermuten. Aus diesen gemeinsamen Vorfahren entwickelten sich schließlich die sogenannten Vormenschen, die »Australopithecinen« (Südaffen) in Ost- und Südafrika. Sie beherrschten bereits perfekt den aufrechten Gang. Wir kennen ihre ältesten Vertreter aus der Zeit vor 4 bis 5 Millionen Jahren. Sie haben nicht nur ihre Skelettreste an zahlreichen Stellen in Ost- und Südafrika hinterlassen, sondern sogar Spuren im wörtlichen Sinne, nämlich jene berühmten Fährten in einer vulkanischen Asche bei Laetoli südlich der Olduvaischlucht.

Die ersten Menschen

Vor 2 bis 3 Millionen Jahren differenzierten sich innerhalb der grazilen Formengruppen der Australopithecinen die ersten menschlichen Wesen heraus. Sie bilden eine heterogene Gruppe von Funden, die z.T. als Homo habilis, Homo rudolfensis und Homo ergaster bezeichnet werden. Spätestens vor 1,5 Millionen Jahren sind in dieser Gruppe die ersten Vertreter des eigentlichen Urmenschen, des Homo erectus anzutreffen, wenn sie nicht sogar – abgesehen vom Homo habilis – diese frühen Vertreter darstellen.

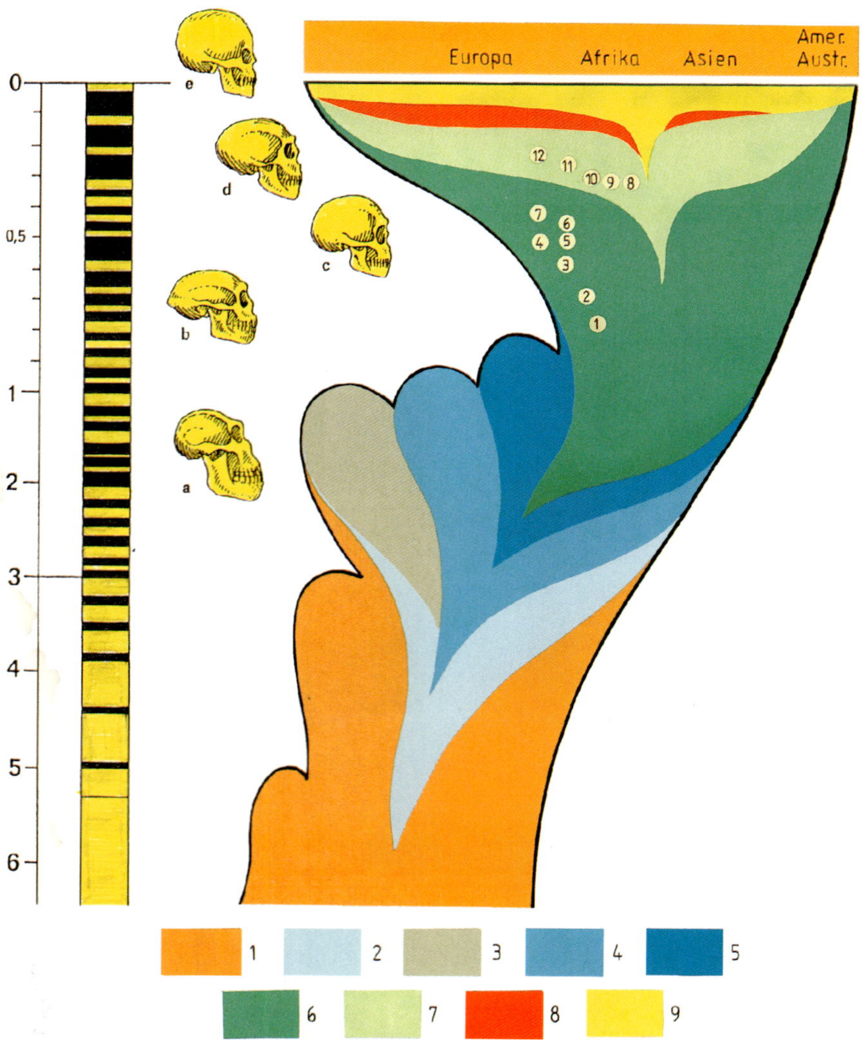

2 Stammesgeschichtliche Entwicklung des Menschen. Links: Zeitskala in Millionen Jahren vor heute und der Wechsel von Warm- (gelb) und Kaltzeiten (schwarz). – Farben 1–9: 1 Vormenschen, 2 Australopithecus afarensis, 3 robuste Australopithecine, 4 Australopithecus africanus (grazile Australopithecine), 5 Homo habilis und frühe Formen des Homo erectus, 6 Homo erectus, 7 frühe Formen des Homo sapiens (»archaischer Homo sapiens«), 8 Homo sapiens neanderthalensis, 9 Homo sapiens sapiens. – a Australopithecus africanus, b Homo erectus, c früher Homo sapiens, d Homo sapiens neanderthalensis, e Homo sapiens sapiens. 1–12 Europäische Funde (oben): 1 Atapuerca (Gran Dolina), 2 Mauer, 3 Vertesszölös I, 4 Tautavel, 5 Vertesszölös II, 6 Bilzingsleben, 7 Petralona (?), 8 Atapuerca (Galeria), 9 Swanscombe, 10 Steinheim, 11 Ehringsdorf, 12 Biache-Sainte Vaast.

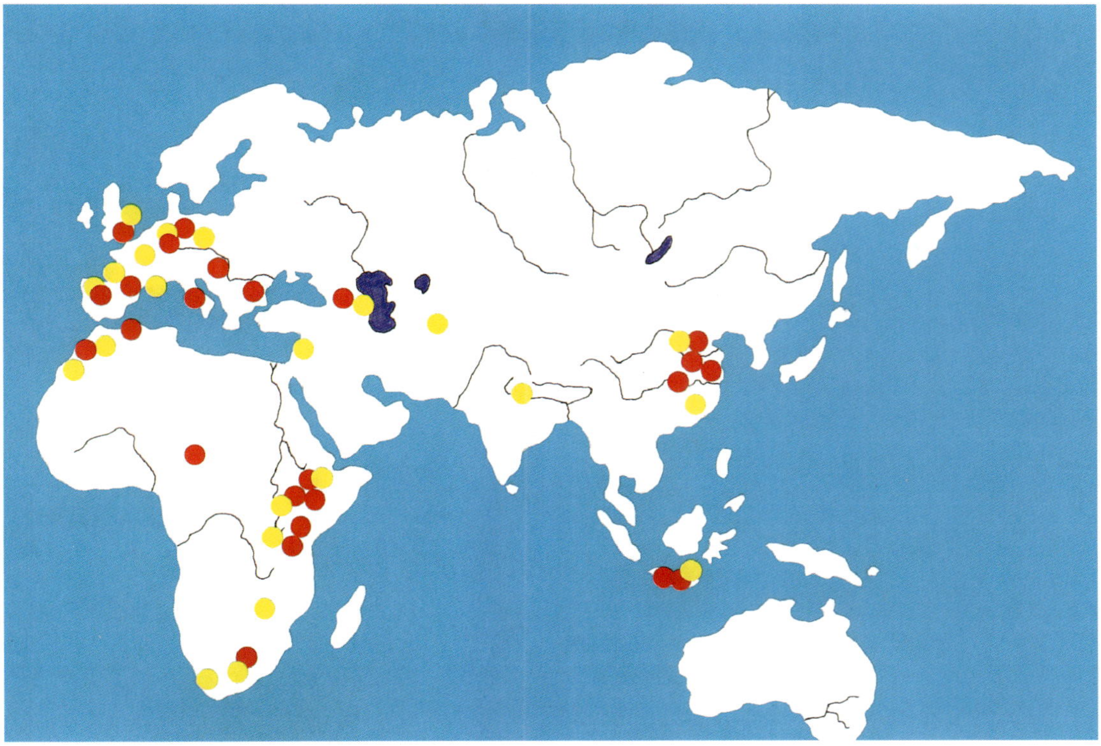

3 Verbreitung der frühen Formen des Menschen in der Alten Welt. Rot: Homo erectus. Gelb: früher Homo sapiens.

Der Homo erectus ist es auch, der im weiteren Verlaufe einer erfolgreichen biologischen und sozio-kulturellen Entwicklung den Schritt in fremde, neue Ökosphären wagte und sich weit innerhalb der Alten Welt ausbreitete. Zuerst erreichte er Nordafrika, dann bald den Vorderen Orient und von hier aus Asien und Europa.

Besondere Merkmale der Menschwerdung waren die Herausbildung des aufrechten Ganges, der Übergang zu einer neuen Ernährungsweise und die Entstehung und Entwicklung des Bewußtseins. Die Fähigkeit aufrecht zu gehen, war für große Menschenaffen von enormem Vorteil, als im ausgehenden Tertiär auf Grund von Klimaänderungen die immergrünen Laubwälder, besonders die tropischen Regenwälder in Afrika, mehr und mehr zurückgedrängt wurden und offene Landschaften in Form von Baum-, Busch- und Grassavannen entstanden.

Die aufrechte Haltung ermöglichte in diesen Landschaften ein besseres und schnelleres Erkennen von Futterquellen und Freßfeinden. Die Fortbewegungsweise auf zwei Beinen führte zum Freiwerden der Hände, damit zur Herausbildung der Fähigkeit, große Lasten weite Strecken zu tragen. Sie ermöglichte aber vor allem auch die Entwicklung der Fingerfertigkeit als Voraussetzung für komplizierte Manipulationen. Darunter fallen in erster Linie die Herstellung und der Gebrauch von Werkzeugen und Gerätschaften und anderen Bedarfsgütern der frühen Kultur.

Die Vorfahren des Menschen innerhalb der großen Gruppe der Altweltaffen waren als Allesfresser vorwiegend auf pflanzliche Nahrung angewiesen, nahmen aber bei Gelegenheit auch jede Form tierischer Nahrungsmittel zu sich. Bei einigen Arten der Australopithecinen und den ersten Menschen läßt sich allmählich eine Verschiebung der Ernährungsgewohnheiten zugunsten der tierischen Nahrungsmittel beobachten. Da nicht ausschließlich aus Fleisch bestehend, kann diese Ernährungsweise nicht eigentlich als carnivor (fleischfressend wie Raubtiere) bezeichnet wer-

4 Homo erectus von Bilzingsleben, 400 000 Jahre alt. Die Fundstücke des Individuums 1 sind in den Abguß des Schädels von Olduvai Hominid 9 eingesetzt, mit dem sie größte Ähnlichkeit haben. Rekonstruktion Emanuel Vlček, Prag.

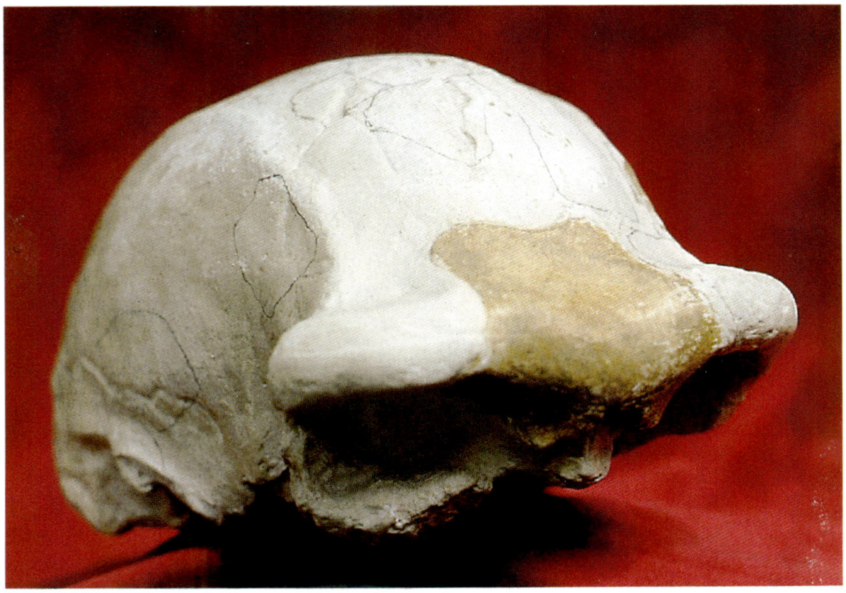

5 Ubeidiya, westlich des Jordan, nahe des Sees Genezareth. Hier wurden die bisher mit Sicherheit ältesten Kulturreste außerhalb Afrikas auf einem Lagerplatz des frühen Menschen gefunden.

den, doch spielte Fleisch eine große Rolle. Die neue Ernährungsweise war mit der Erschließung eines bis dahin kaum genutzten, riesigen Nahrungsreservoirs, das die großen Pflanzenfresserherden in der offenen Landschaft bildeten, verbunden. Sie wurde schließlich zu einem wichtigen Faktor der Herausbildung des Menschen und seiner Weiterentwicklung. Hier ist deutlich zu sehen, wie eng die neuen biologischen Fähigkeiten, wie der aufrechte Gang und die neue Lebensweise in der offenen Landschaft, auch mit einer neuen Ernährungsweise verknüpft waren, die nur in dieser offenen Landschaft möglich war.

Erwachen des Bewußtseins und kulturelle Evolution

Das Bewußtsein – und mit ihm verbunden das Denken und die Sprache – läßt sich in seinen Anfängen nicht erfassen. Aber mit Sicherheit war sein Erwachen mit dem Auftreten des ersten Menschen verbunden. Wir sehen einen Zusammenhang zwischen der neuen Ernährungsweise und dem Erwachen des Bewußtseins, vor allem in bezug auf die Herausbildung der Jagd mit allen ihren Zwängen und Erfordernissen sowie der Notwendigkeit, in der Gemeinschaft die Nahrung zu teilen. Weitere Impulse zur Entwicklung des Bewußtseins ergaben sich aus der Konfrontation mit verschiedensten Umweltverhältnissen und der Reaktion des Menschen darauf. Man traf sie bei Wanderungen in andere Landschaften an. Oder sie wechselten auf Grund der ständig an Intensität zunehmenden Klimaveränderungen.

Das alles wirkte wesentlich auf den Entwicklungsprozeß der geistigen Fähigkeiten und reizte zur kulturellen Reaktion. Damit waren eine weitere Entwicklung des Gehirns, die Perfektionierung des aufrechten Ganges, eine fortschreitende Zunahme der Fingerfertigkeit, die Spezialisierung der Techniken sowie die Formierung der Kultur und der menschlichen Gesellschaft verbunden.

Erste aus Stein geschlagene Werkzeuge sind ungefähr aus der Zeit vor 2,6 bis 2,7 Millionen Jahren bekannt. Sie gehen offenbar auf eine grazile Form der bipeden Vormenschen, den Australopithecus africanus, zurück. Es handelt sich um kleinere scharfkantige Abschläge, die zum Schneiden geeignet waren und mit Schlagsteinen von Geröllen aus Quarz, Quarzit, Andesit, Phonolit und verkieselten Gesteinen abgeschlagen worden sind. Außerdem kommen Kernsteine und ange-

6 Ein eigentümliches Pflaster aus Geröllen bildet die Oberfläche des Lagerplatzes von Ubeidiya.

7 Blick über die Fundstelle von Atapuerca, nordöstlich von Burgos.

schlagene größere Gerölle vor, die als hackmesserartige Hiebgeräte gebraucht werden konnten. Jahrhunderttausende hindurch wurden diese Artefakte in der gleichen einfachen Technik hergestellt und verwendet. Sie treten dann auch beim Homo habilis auf, denn sie wurden zusammen mit seinen Knochen oder in gleichaltrigen Fundhorizonten entdeckt. Auch der frühe Homo erectus wandte sie an. Es lassen sich also in dieser frühen Zeit nur kleine langfristige Entwicklungsschritte in der Entwicklung der Kultur beobachten. Aber Homo erectus entwickelte die Steingerätetechnik weiter. Das zeigt uns die Schichtenfolge in der Olduvaischlucht. Die unterste, etwa 1,8 Millionen Jahre alte Schicht enthält nur Australopithecine und deren einfache Artefakte. In einer höheren Folge tritt bereits Homo erectus auf. Von ihm ist ein Hirnschädel, jener berühmte Fund von 1962, der »Olduvai Hominid 9«, bekannt. Sein Erscheinen wird mindestens in die Zeit vor 1,2 bis 1,5 Millionen Jahren datiert. Die Artefakte, die ihm zugewiesen werden müssen, zeigen weitere Zurichtungen. Was sich bereits früh andeutete, wurde jetzt allgemein fortgesetzt: Die Abschläge wurden an ihren Kanten in bestimmter Weise bearbeitet, d. h., sie wurden retuschiert. Nun gibt es Geräte wie Schaber und Kratzer mit bogenförmigen oder konkaven und geraden Schneiden. Es kommen tief gebuchtete und gezähnte Arbeitskanten vor. Andere Stücke haben zugerichtete Spitzen. Das deutet darauf hin, daß die Geräte nicht mehr nur für die Zerlegung der Nahrung, z. B. der erbeuteten Tiere, verwendet wurden, sondern mit ihrer Hilfe auch organisches Material bearbeitet worden ist und in einem weiteren technologischen Schritt einfache Gerätschaften hergestellt wurden, die auf der Jagd, beim Sammeln der Nahrung und Tragen von Lasten etc. gebraucht wurden.

Aus der Sitte, flache Gerölle erst an einer Seite, dann an beiden Seiten zu Hiebgeräten mit beilartigen Schneiden zuzurichten, entwickelte sich die Technik der zweiflächig zugeschlagenen Geräte, die später als Faustkeile verschiedener Form in Erscheinung treten. In der untersten Schicht von Olduvai erscheinen bereits Vorformen, sogenannte Protofaustkeile, und bald danach, etwa vor 1 Million Jahren, kommen Faustkeile in zunehmend größerer Zahl in den Inventaren der Olduvaischlucht vor. Als Faustkeil münden diese zweiflächigen Werkzeuge (Bifaces, Zweiflächner) in Spitzen aus. Sie können statt dessen breite Schneiden besitzen und werden dann als Spalter bezeichnet. Sie lassen beilartigen Gebrauch erkennen. Trotz allem aber bleiben Abschlaggeräte die wichtigsten Werkzeuge.

Alle diese Steinwerkzeuge treten seit den frühesten Zeiten auf Rastplätzen in Gemeinschaft mit zerschlagenen Knochen verschieden großer Tiere auf. Solche Plätze werden als Fleischverwertungsplätze gedeutet. An ihnen wurden Skelettreste einzelner großer Säuger gefunden, die hier zerlegt worden waren, wie z. B. ein Flußpferd, das vor etwa 2 Millionen Jahren in einem Schlammloch östlich des Turkanasees bei Koobi Fora während einer Trockenperiode verendete. In Bed I der Olduvaischlucht wurden auf Rastplätzen Skelette von Elefanten gefunden, einem großen Dinotherium und zwei Individuen von Elephas recki, die hier zerlegt worden sind. An den Knochen wurden noch die Schnittspuren der Steinmesser entdeckt. Diese Plätze fanden sich meist in der Nähe von Wasseransammlungen, so neben Wasserlöchern in Flußbetten, am Ufer größerer Seen, zum Teil im Schutz von Galeriewäldern, Ufergehölzen und Gebüschen.

8 Die Ausgrabung in der Gran Dolina bei Atapuerca.

Bei all diesen frühkulturellen und ökonomischen Aktivitäten spielten das Erinnerungsvermögen und damit zusammenhängende Gedächtnisleistungen eine große Rolle. Darauf baute die weitere Entwicklung des Gedächtnisses auf. Wir gehen davon aus, daß die Schaffung eines Abschlags als Zielprodukt sowie der nächste Schritt der Modifizierung von Abschlägen und Naturstücken zu weiteren, in ihrer Form intentionell vorausbestimmten Geräten ohne die parallele Entwicklung des Begriffsgedächtnisses und darauf basierend des Wortgedächtnisses nicht möglich gewesen wären. Die Herstellung von Gerätschaften mit Hilfe von bereits produzierten Geräten in mehreren technischen Schritten macht die Fähigkeit zur Abstraktion notwendig, da eine solche Handlung gedanklich langfristig vorbereitet werden muß. Diese Fähigkeit baut ihrerseits auf dem Wortgedächtnis auf und benötigt Wortsymbole für abstrakte Begriffe und zur Kommunikation auf einer derartig abstrakten Ebene.

Alle diese Fähigkeiten einschließlich der frühen Entwicklungsstadien der Sprache als Mittel zur geistigen Kommunikation müssen sich bei den ersten Vertretern des Homo erectus bereits ausgebildet haben. Ohne sie ist eine weitere Entwicklung der menschlichen Kultur nicht denkbar.

Welche Schritte in dieser Entwicklung notwendig waren, um sich an andere Umweltverhältnisse anpassen zu können, werden wir bei der Untersuchung unserer Fundstellen in Mitteleuropa kennenlernen. Phillip Tobias deutete sie in dem Satz, der am Anfang dieses Berichtes steht, bereits an. Es sind kulturelle Mittel, die in den warmen Savannen nicht unbedingt zum Überleben gehörten, so auch der kulturell außerordentlich bedeutsame Schritt zur Feuernutzung. Einige angeblich sehr frühe Nachweise der Feuernutzung in Ostafrika sind uns nicht beweiskräftig genug. Statt dessen tritt Feuernutzung als kulturelles Attribut in vielen Fällen auf den älteren Fundstellen im kühleren Klimagebiet Europas und Asiens auf.

Es besteht ein Trend in der Forschung, in diesen außerafrikanischen Landschaften, so in Ostasien, Indonesien und Europa, besonders alt datierte Fundstellen mit möglichst sehr frühen Nachweisen menschlicher Anwesenheit – ob kulturelle Überreste oder die menschlichen Reste selbst – nicht nur als Beleg einer sehr frühen Ausbreitung der Hominiden anzusehen, sondern vielleicht sogar selbst als am Ursprung der Menschwerdung stehend zu interpretieren. Es sind nicht viele derartige Fundstellen. Und alle halten sie einer kritischen Betrachtung nicht stand.

9 Blick in das Wippertal bei Bilzingsleben. Auf der Hochfläche rechts im Bild liegt die Fundstelle.

So erscheint uns die Fundstelle von Ubeidiya, nur wenige Kilometer südlich des Sees von Genezareth am Westufer des Jordans gelegen, mit Sicherheit als die älteste Fundstelle einer frühmenschlichen Kultur außerhalb Afrikas. Sie wurde als Aufenthaltsplatz am Ufer eines Sees interpretiert und hat ein Alter von mindestens 1 Million, wahrscheinlich bis zu 1,4 Millionen Jahren. Die Artefakte ähneln sehr jenen des frühen Homo erectus von Olduvai. Zahlreiche zerschlagene Tierknochen gehen auf die neue Ernährungsweise zurück. Ein eigentümliches, aus regelmäßigen und gleich großen, wohl absichtlich ausgelesenen Geröllen bestehendes Pflaster bedeckte die Fläche des Rastplatzes am Ufer.

Vor einigen Jahren wurde in Georgien im Kaukasus ein menschlicher Unterkiefer gefunden, der noch älter sein soll. Die Fundstelle heißt Dmanisi. Selbst wenn dieser bedeutende Fund das gleiche Alter wie die Fundstelle von Ubeidiya hat, statt der angegebenen fraglichen 1,8 Millionen Jahre, so bleibt er dennoch der älteste sichere Nachweis eines menschlichen Restes in Eurasien, zumindest für Europa. Die Datierung ist insofern unsicher, als man von einer radiometrisch datierten Lavadecke ausgeht, auf der die Sedimentfolge mit dem mehr oder weniger durch Ein- und Abschwemmung geprägten Fundhorizont lagert. Der Kiefer stammt von einem Homo erectus und vereint altertümliche mit sehr auffälligen modernen Merkmalen.

Mit diesen beiden Fundstellen haben wir etwa den zeitlichen Hintergrund, vor dem sich die allmähliche Erschließung neuer Lebensräume abgespielt hat. Eine Notwendigkeit, die warmen Savannen und deren Fluß- und Seeufer mit ihren üppigen Waldsäumen und Speisekammern in Afrika zu verlassen, gab es sicher nicht. Es war wohl eine auch heute noch im Menschen tief verwurzelte Eigenschaft, die ihn in andere Räume trieb. Sie hängt direkt mit seinem sich herausbildenden Geist zusammen: die tätige Neugier. Dabei entwickelte er seine sozio-kulturelle Umwelt und neue ökonomische Grundlagen. In Wechselbeziehung dazu wurde das Gehirn zur weiteren Entwicklung und Spezialisierung angeregt, so daß schließlich das entstand, was wir heute verkörpern. Insgesamt gilt das, was Gordon Childe so treffend formulierte: »Der Mensch schuf sich selbst!«

Frühe Siedler in Europa – Homo erectus und frühe Sapiensformen

Ursprünglich war der Unterkiefer des Homo heidelbergensis von Mauer, einem Ort an der Elsenz, einem Nebengerinne des Neckars, der älteste Nachweis eines Menschen überhaupt in Europa. Auch heute hat er seine Bedeutung nicht eingebüßt. Für ihn wird ein Alter zwischen 550 000 und 600 000 Jahren vor heute angegeben. Was seine frühe Stellung als ältester »Okkupant« der europäischen Gefilde anbelangt, wurde er durch Dmanisi entthront.

Aber Dmanisi liegt weit östlich an der Nahtstelle zu Asien. Jedoch gibt es neuerdings weitere Schädelreste, die ebenfalls wie der Heidelberger der Formengruppe des Homo erectus zugewiesen werden, aus der Gran Dolina bei Atapuerca, einem kleinen Ort in den Kalkgebirgen nordöstlich von Burgos in Spanien. Sie werden mit einem Mindestalter wie Mauer angegeben, sie sind aber mit hoher Wahrscheinlichkeit 200 000 Jahre älter! Zur Zeit wird daraus eine neue Art konstruiert: »Homo antecessor«, der Vorfahre. Das sind bereits alle älteren sicheren Überreste des frühen Menschen in Europa.

Etwa 450 000 bis 500 000 Jahre alt sind die menschlichen Überreste aus der Aragohöhle bei Tautavel, im Angesicht des schneebedeckten Gipfels des Canigou in den Ostpyrenäen, und aus dem Kulturhorizont im Travertin von Vertesszölös nordwestlich von Budapest, am Fuße des Gerecse-Gebirges.

10 Tautavel. Fundsituation in der Aragohöhle mit menschlichem Schädel.

Rund 370 000 Jahre alt sind menschliche Überreste, die seit 1972 die Fundstelle im Travertin bei Bilzingsleben im Elbe-Saalegebiet liefert. Nach der politischen Wende in diesem Land 1989 änderte sich die Landeszugehörigkeit der Fundstelle. Infolge verschiedener Besitzansprüche liegen die Funde nun teils in einem Tresor Sachsen-Anhalts, teils in einem Tresor Thüringens, obwohl sie einst zu einem Individuum gehörten.

Aus der gleichen Zeit wie Bilzingsleben stammt ein weiterer Fund aus Vertesszölös, ein Hinterhauptsbein, das im Travertinkomplex in einem Horizont über den oben erwähnten Kulturschichten entdeckt wurde.

Alle diese Funde, die außer Vertesszölös II zusammen mit den Überresten der jeweiligen Kultur gefunden wurden, gehören zum Homo erectus. Abgesehen vom Unterkiefer des Heidelbergers, dessen zugehöriger Schädel unbekannt ist, sind die beiden Schädel von Bilzingsleben, die sich rekonstruieren lassen, der beste Beweis für die Existenz dieser Form des Urmenschen in Europa. Deshalb wurden sie vom Bearbeiter dieser Reste, Emanuel Vlček aus Prag, auch als »Homo erectus bilzingslebenensis« bezeichnet. Allerdings stellt dieser bereits eine entwickelte Form dieses Urmenschen dar. Ein Schädel aus der Höhle von Petralona bei Thessaloniki könnte auch so alt sein, ist aber wahrscheinlich um ein Jahrhunderttausend jünger und verkörpert eher einen frühen Neandertaler als einen späten Homo erectus. Auch in Italien sind einige Reste bekannt geworden, die aus der gleichen Zeit wie Vertesszölös und Bilzingsleben stammen und dem Homo erectus zugewiesen werden können. Das gleiche gilt für die Tibia (Schienbein) von Boxgrove in Südengland, die erst in den letzen Jahren gefunden wurde.

Vor 300 000 Jahren trat in Mittel-, Süd- und Westeuropa eine andere Form des frühen Men-

11 Der Gesichtsschädel des Homo erectus von Tautavel.

schen auf. Sie unterscheidet sich morphologisch stark vom Homo erectus, ist auch kulturell mit anderen Artefaktinventaren verbunden und wird als eine weiter entwickelte Form angesehen, die dem Homo sapiens näher steht. Ursprünglich nach einer Fundstelle an der Murr, ebenfalls ein Nebenflüßchen des Neckars, als Homo steinheimensis bezeichnet, stellen diese Funde heute in Europa die Gruppe des frühen oder archaischen Homo sapiens dar. Mehr oder weniger gleichaltrig mit dem Fund von Steinheim sind die Schädelreste von Swanscombe in England, jünger dagegen die Funde von Ehringsdorf bei Weimar und Biache bei Arras.

Vielleicht erst aus diesen Formen, aber vielleicht auch direkt aus den späten Vertretern des Homo erectus entwickelte sich in Westeuropa der Neandertaler (Homo sapiens neanderthalensis), der über Mitteleuropa weit nach Osten bis Usbekistan (Grab von Teshik Tash) expandierte, während sich neben ihm bereits vor mehr als 90 000 Jahren in der Levante der moderne Sapiens aufgehalten hat. Er hat mit größerer Sicherheit eine der frühen Sapiensformen als Vorläufer.

Jedoch sollen unsere Betrachtungen nur bis gegen Ende des sogenannten Mittelpleistozäns, eines mittleren Abschnitts des Eiszeitalters reichen, der etwa identisch ist mit dem Auftreten des Homo erectus in Europa, während in seinem Endabschnitt der frühe Homo sapiens erscheint.

So werden uns auch Fundstellen interessieren, die keine Menschenreste geliefert haben, aber Einblicke in die Kultur des fossilen Menschen erlauben. Das sind z. B. Isernia la Pineta in Italien (etwa 550 000 Jahre alt), Prezletice bei Prag (wahrscheinlich 600 000 Jahre), Miesenheim in der Osteifel (550000 Jahre), Bad Cannstatt in Süddeutschland (etwa 350 000 Jahre), aber besonders wieder Bilzingsleben, das die umfangreichste und detailgetreueste Rekonstruktion von Kultur und Lebensbild ermöglicht. Das wird auf eine sehr

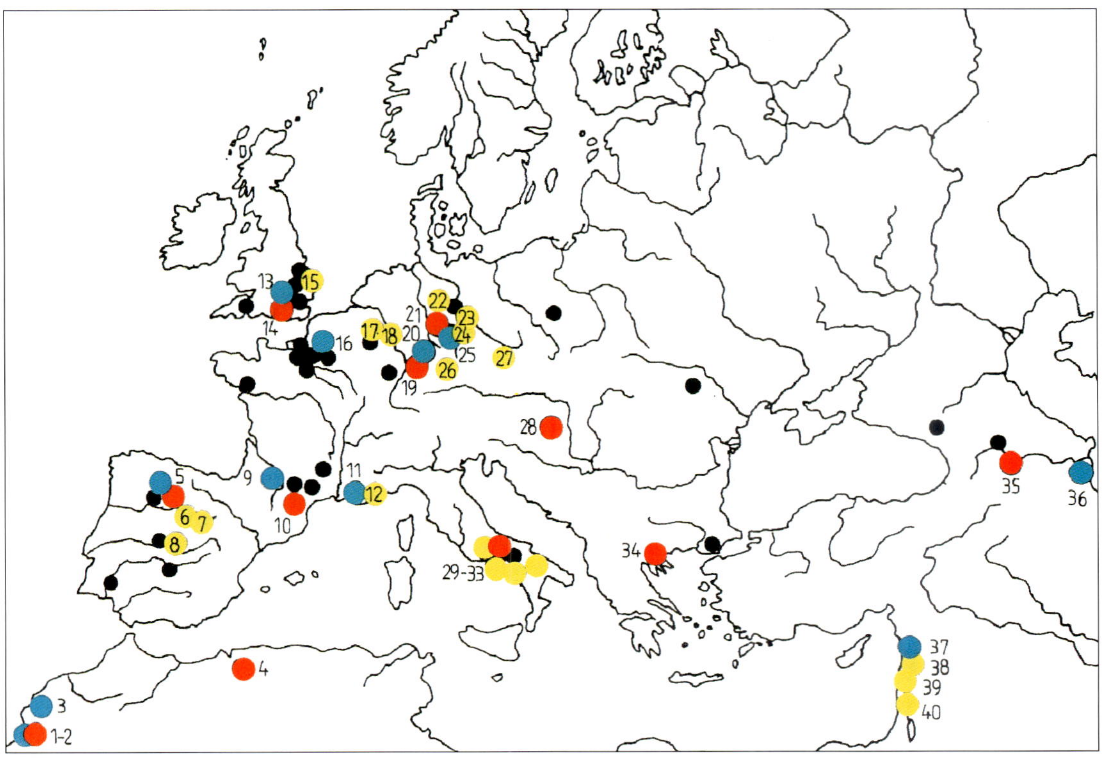

12 Fundstellen des Altpaläolithikums und frühen Mittelpaläolithikums in Europa und im Orient. Rot mit Überresten des Homo erectus, blau des frühen Homo sapiens, gelb im Text genannte oder beschriebene Fundstellen, schwarz weitere altpaläolithische Fundstellen (nicht vollständig). 1 (rot) Thomas Quarry (Casablanca) und Sidi Abderrahman, 2 (blau) Casablanca, Rabat, 3 Salè, 4 Ternifine, 5 Atapuerca, 6 Ambrona, 7 Torralba, 8 Aridos, 9 Montmaurin, 10 Tautavel, 11 Nizza (Grotte du Lazaret), 12 Nizza (Terra amata), 13 Swanscombe, 14 Boxgrove, 15 Clacton on Sea, 16 Biache bei Arras, 17 Miesenheim, 18 Kärlich, 19 Mauer, 20 Steinheim, 21 Bilzingsleben, 22 Schöningen, 23 Markkleeberg, 24 Neumark-Nord, 25 Ehringsdorf, 26 Bad Cannstatt, 27 Prezletice, 28 Vertesszölös, 29 Isernia la Pineta, 30 Polledrara, 31 Venosa, 32 Fontana Ranuccio, Castel di Guido, 33 (rot) Ceprano, 34 Petralona, 35 Dmanisi, 36 Azych, 37 Zuttiyeh, 38 Ubeidiya, 39 Evron, 40 Ruhama.

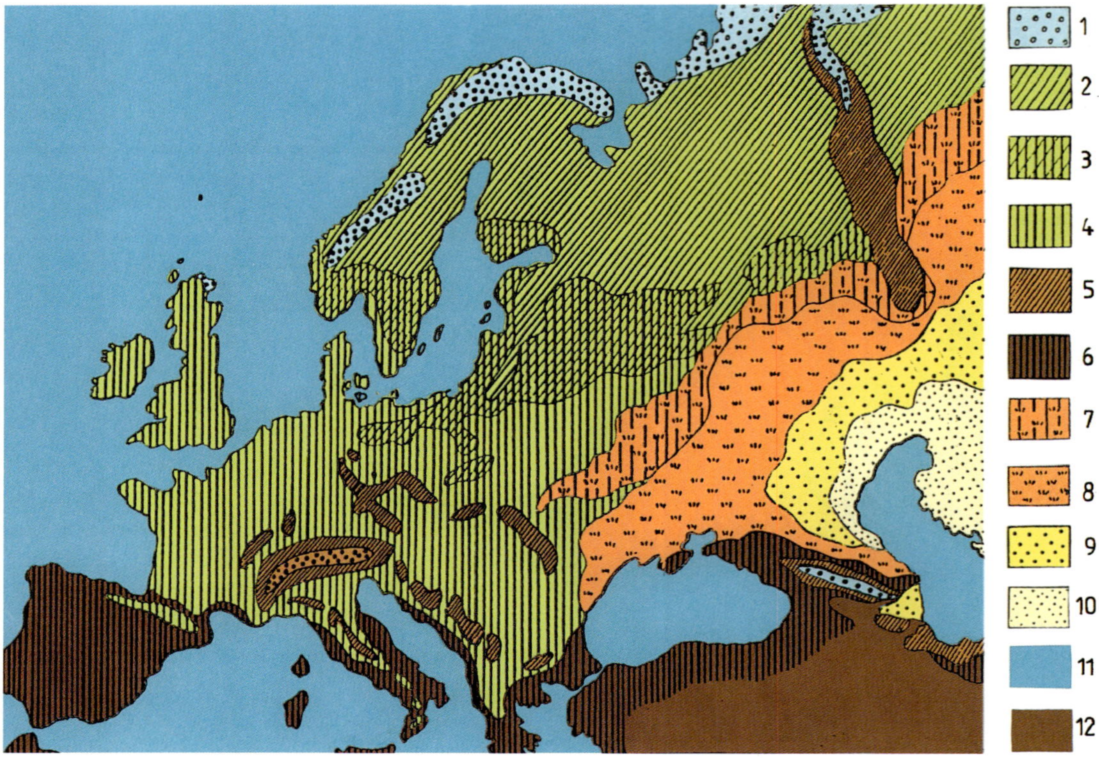

13 Europa während einer Warmzeit (Gegenwart). Natürliche Vegetations- und Landschaftszonen. 1 Tundra und alpine Region, 2 boreale Nadelwälder, 3 Nadel-Eichenmischwald, 4 Laubmischwälder (Buchen-, Eichen-Buchen-, Eichen-Ulmen-, Eichenmischwälder), 5 montane Wälder (Buchen-Fichten-Tannen-, Fichten-Tannenwälder), 6 mediterrane Wälder (vorwiegend immergrüne Eichen-Kiefernwälder), 7 Waldsteppe (mit Eichenwald, im Osten mit Birke und Espe), 8 Steppe, 9 Halbwüste, 10 Wüste, 11 Meere, Binnenmeere, 12 nicht dargestellt (nach Frenzel 1968).

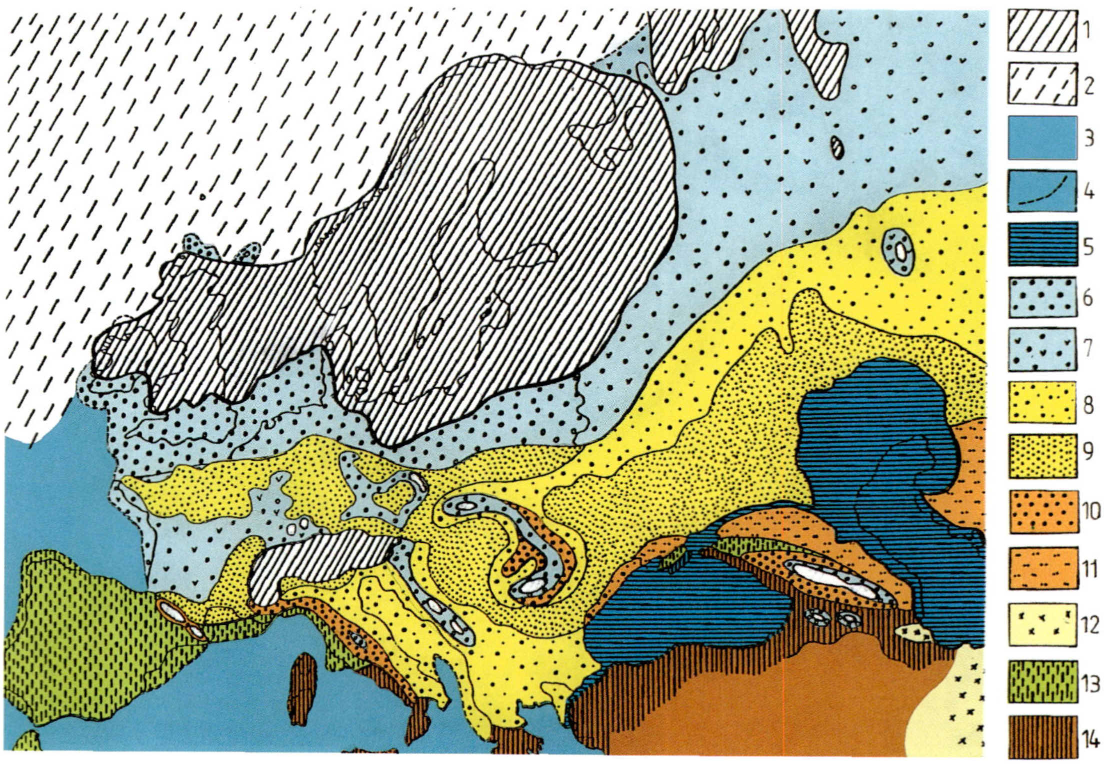

14 Europa während einer Kaltzeit. Vegetations- und Landschaftszonen. 1 Inlandeis und Gebirgsgletscher, 2 Meereis, 3 Meere, 4 Küstenlinien, 5 Binnenmeere, 6 Zwergstrauchtundra, 7 subarktische Kältesteppen, 8 Waldsteppe, 9 Lößsteppe, 10 Wald- und Strauchtundra, 11 Steppe, 12 Wüste, 13 Waldsteppe mit wärmeliebenden Elementen, 14 Mischwald (nach Frenzel 1968).

willkommene Weise durch die mit den Bilzingslebener Funden gleichaltrigen, zur Zeit wahrhaft sensationellen Funde aus dem Tagebau Schöningen im Nordharzvorland bei Helmstedt ergänzt. Aus jüngerer Zeit informieren wir über Jagdbefunde aus dem Tagebau Neumark-Nord bei Frankleben im Geiseltal westlich von Merseburg, schließlich auch über Markkleeberg bei Leipzig und verwandte Erscheinungen der Faustkeilkultur.

Umwelt und Umweltentwicklung

Lebewesen und Umwelt bilden eine Einheit. Jedes Lebewesen ist an bestimmte Verhältnisse seiner Umwelt angepaßt. Zwischen beiden bestehen enge Beziehungen, so auch beim Menschen. Nur sind seine Beziehungen zur Umwelt anderer Art als bei allen anderen Organismen. Bei diesen stehen sie in einer Art Gleichgewicht, das sich bei zeitlichen Änderungen der Umweltverhältnisse oder der Populationen ständig neu einregelt. Der Mensch als bewußtes Wesen wirkt statt dessen aktiv auf seine Umwelt ein und eignet sie sich an. Er kann sie dadurch empfindlich stören und so weit verändern, daß schließlich irreversible Schäden hervorgerufen werden. Wir erleben das heute.

Um das jeweilige Verhältnis des Menschen zu seiner Umwelt während seiner stammesgeschichtlichen Entwicklung zu verstehen, ist es notwendig, die ehemaligen Umweltverhältnisse möglichst in vielen Einzelheiten zu kennen.

Die verschiedenen Ökosysteme, in denen sich der Mensch entwickelt hat, oder die er während seiner weiteren Entwicklung aufsuchte, waren durch die besonderen Klimabedingungen des Eiszeitalters gekennzeichnet. Die Herausbildung der offenen Savannen in Afrika war bereits ein Ergebnis von Klimaänderungen.

Zyklische Klimaänderungen im Eiszeitalter

Vor etwa 25 Millionen Jahren begann eine allmähliche globale Abkühlung. Bereits damals setzte die Vereisung der antarktischen Landmasse ein. Der nordpolare arktische Eisschild bildete sich erst vor 2,5 Millionen Jahren. Das ist der Beginn des Eiszeitalters, in dem wir uns heute noch befinden, denn vereiste Polkappen, eine ausgeprägte Gliederung der Erdoberfläche in Klimazonen und ein auffälliger jahreszeitlicher Klimawechsel sind die charakteristischen Merkmale dieser Epoche. Ein weiteres Merkmal ist der zyklische Wechsel von Warmzeiten und Kaltzeiten. Diese Oszillationen pendelten sich mehr und mehr zu ausgeprägten Groß- oder Grundzyklen ein. Sie hatten zunächst etwa 40 000 bis 60 000 Jahre, dann etwa 80 000 bis 120 000 Jahre Dauer. Die Grundzyklen liefen wiederum über kleinere untergeordnete Schwankungen (Kleinzyklen) ab. Während der Kaltzeiten kam es zumindest zu stärkeren Eisbildungen an den Polen und zu Vergletscherungen in den Hochgebirgen, später auch zu riesigen Inlandeisvergletscherungen, vor allem auf den größeren zusammenhängenden Landmassen der nördlichen Halbkugel, in Skandinavien, Sibirien, Nordamerika und auf dem tibetischen Hochland. Das skandinavische Inlandeis reichte wiederholt nach Süden bis an die nördlichen Ausläufer der Mittelgebirge heran, während die Alpen – wie auch andere Hochgebirge – vergletscherten. Der Meeresspiegel sank während solcher Vereisungen infolge der Bindung der Niederschläge als Eis und

15 Gletscher »Glacier de Tsidiore Nouve« bei Aralla.

16 Tundra aus der Vogelschau betrachtet.

Schnee auf den Kontinenten um viele Meter ab, in den Extremfällen lag er 90 bis 120 m unter dem heutigen Niveau, so daß breite Teile der Schelfe vor den Küsten trocken fielen und Landbrükken entstanden, die Inseln und Kontinente miteinander verbanden, z. B. die Landbrücke zwischen Asien und Nordamerika durch die heutige Beringsee. Solche Brücken nutzte Homo erectus bei seiner Ausbreitung. Relativ früh konnte er die indonesische Inselwelt erreichen. Zeitweise waren während der Kaltzeiten bis zu 45 Millionen km^2 der Kontinente vergletschert. Das entsprach 60 Millionen m^3 Wasser, die im Eis gebunden waren. Heute sind noch 15 Millionen km^2 vergletschert.

17 Steppe am Orchon in der zentralen Mongolei.

Das Vorrücken der Gletscher folgte parallel zu einer allgemeinen Temperaturabsenkung und generell von Norden nach Süden oder von den Hochgebirgen hinab in die Ebenen. Dabei wurden jeweils die Klima- und Vegetationsgürtel verschoben. Für Mitteleuropa bedeutete das eine Verschiebung der thermophilen sommergrünen Laubmischwälder weit nach Süden in die Mittelmeerländer. Ihnen folgten die borealen Nadelwälder, die Baum- und Strauchtundra und schließlich die Frostschuttwüste vor dem Eis. Zugleich wurde das Klima trockener, kontinentaler. Unter diesem Einfluß schob sich von Osten her ein Keil von Gras- und Kräutersteppen weit nach Westen über Europa hin bis an den atlantischen Ozean. Ein besonderes Merkmal dieser Steppen war die Verwehung und Anhäufung von Staub durch den Wind: Es bildeten sich Lößablagerungen. Daher werden diese Kältesteppen auch als Lößsteppen bezeichnet. Nach einer Kaltzeit setzte, verbunden mit dem Abschmelzen der Gletscher, die umgekehrte Entwicklung zu den gemäßigt warmen Klima- und Vegetationsverhältnissen ein.

Ein Indikator zur Rekonstruktion der Klimaverhältnisse während einer Kaltzeit ist die Lage der polaren Baumgrenze. Heute befindet sie sich hoch im Norden bei mittleren Jahrestemperaturen von 0 bis –2 °C im nördlichen Skandinavien,

18 Waldsteppe/Taiga am Balschir Gol im östlichen Chenteigebirge der Mongolei.

aber bereits bei –6 bis –8 °C im nördlichen Westsibirien. Die Grenze wurde während der letzten Eiszeiten bis auf eine südliche Linie verschoben, die über die Pyrenäen, Mittelitalien, den mittleren Balkan bis zum Nordfuß des Kaukasus verlief. Hier herrschen heute unter warmzeitlichen Verhältnissen von Osten nach Westen ansteigend mittlere Jahrestemperaturen von +14 bis +16 °C. Aus dem Vergleich der beiden Linien kann die allgemeine Absenkung der mittleren Temperaturen, die sogenannte eiszeitliche Temperaturdepression, für die mittleren Breiten erschlossen werden. Sie betrug im ozeanisch beeinflußten, ausgeglicheneren Klimagebiet etwa 14 °C, in Mitteleuropa 15 °C und in Westsibirien bereits 20 °C und mehr. Räumlich gesehen bedeutete diese extreme Veränderung eine Verschiebung der polaren Baumgrenze, also generell der gemäßigten und borealen Zone, um 2000 bis 3000 km nach Süden.

Die zahlreichen Klimaschwankungen des Eiszeitalters sind am vollständigsten in den Ablagerungen der Ozeanböden überliefert. Eine kontinuierliche Sedimentation im gleichbleibenden Milieu fixierte sie in Form von verschiedenen Verhältniswerten der Sauerstoffisotope ^{18}O und ^{16}O in den Kalkschalen abgestorbener Einzeller, der Foraminiferen. Das Verhältnis der beiden Isotope ist temperaturabhängig. Deshalb ist es möglich, anhand des Verhältnisses der beiden Isotope in den Schalen von Foraminiferenarten, die in der Nähe der Meeresoberfläche lebten, die Temperaturen des Oberflächenwassers und ihren klimaabhängigen Wechsel zu messen. Oder es wird die Häufigkeit der kältevertragenden und wärmeliebenden Foraminiferen in den Proben ausgezählt. Doch lassen sich die rekonstruierten Klimakurven nicht unmittelbar auf die Kontinente übertragen und als eine verläßliche Grundlage der Chronologie des erdgeschichtlichen Ablaufes verwenden. So müssen wir uns auf einige gesicherte zyklische Abfolgen stützen, die unter günstigen Sedimentationsbedingungen auf den Kontinenten entstan-

19 Nemoraler Laubmischwald im Frühling, mittleres Saaletal.

den und erhalten blieben, um mit ihrer Hilfe den Klimaablauf und damit auch den erdgeschichtlichen Ablauf als Grundlage der Geschichte der Naturumwelt des Menschen zu rekonstruieren.

Eiszeitforschung an mittlerer Elbe und Saale

Ein klassisches Gebiet der Eiszeitforschung ist das mittlere Elbe-Saalegebiet, das kennzeichnenderweise einigen Vereisungen auch ihre Namen gegeben hat. Es ist der Kern Mitteleuropas. Und von diesem geht auch unsere Betrachtung aus – sowohl was die frühen Siedler Mitteleuropas als auch den zeitlichen und räumlichen Hintergrund dieser frühen Menschen in Gestalt der sich ständig ändernden Naturumwelt betrifft.

Der zeitliche Hintergrund kann dank einiger zahlreiche Schichten umfassenden Sedimentabfolgen, die ihresgleichen im übrigen Mitteleuropa suchen, für die letzten sechs bis sieben Jahrhunderttausende so detailliert gegliedert werden, wie vergleichsweise durch die Oxygen-Isotopenstadien der Ozeane. Ihre vielfältige geologische Beschaffenheit und ihr reichhaltiger Fossilinhalt bis hin zu eingeschalteten archäologischen Fundhorizonten ermöglichen darüber hinaus die Gliederung der geologischen Abläufe, der Entwicklungsgeschichte der Pflanzen- und Tierwelt und darauf aufbauend der Umwelt in einem Umfang, wie man es sich für unsere speziellen Untersuchungen der frühen menschlichen Kultur nur wünschen kann. Auf diese Weise wird der räumliche und zeitliche Hintergrund unserer Evolution aufgebaut und gefüllt. Er wird ergänzt und aus den Standorten der Fundgebiete dieser Abfolgen hinausgetragen in eine regionale Landschaftsgeschichte, in die sich wichtige geologische, paläontologische und ökologische Ergebnisse einfügen lassen, die an anderen Fundpunkten gewonnen wurden, welche nur Teilabschnitte und weniger stark gegliederte und auch weniger reichhaltige Horizonte geliefert haben.

Zu allem Überfluß enthalten diese Abfolgen noch einige der wichtigsten Fundstellen des fossilen Menschen und seiner steinzeitlichen Kultur, die wir zur Zeit in Mitteleuropa kennen: Bilzingsleben im Norden Thüringens, Schöningen im Nordharzvorland – beide ca. 350 000 bis 400 000 Jahre alt – sowie Neumark-Nord im Geiseltal mit einem Alter von 200 000 Jahren. Dazu kommt auch die Serie des ehemaligen Ascherslebener Sees im Nordharzvorland, der in einem seiner unteren Horizonte die kulturellen Überreste und Lebensspuren des Neandertalers und seines Zeitgenossen, des modernen eiszeitlichen Menschen, enthielt. Ein Zusammenwirken verschiedener geologischer Vorgänge hat uns hier einen annähernd vollständigen Grundzyklus überliefert. Diese Folge umfaßt den letzten eiszeitlichen Klimazyklus, der vor etwa 125 000 Jahren in der Eemwarmzeit begann und über die Weichselkaltzeit bis in die heutige Warmzeit, das Holozän, verlief. Er kann durch einige andere Teilprofile, so die eemzeitliche Travertinfolge von Burgtonna im Thüringer Becken und eine Serie aus dem westlichen Geiseltal, die die letzten 15 000 Jahre umfaßt, auf willkommene Weise ergänzt werden. Insgesamt zeigt so der Ascherslebener See, daß der letzte Klimagroßzyklus über zahlreiche kleinere, untergeordnete Klimaschwankungen verlief. Die wärmeren Phasen dieser Schwankungen, die nicht mehr das gemäßigte Klima der Warmzeit erreichten, heißen Interstadiale und Intervalle, die kaltklimatischen arktischen Phasen dagegen Stadiale.

Der Zyklus aus dem Ascherslebener See soll als Beispiel des eiszeitlichen zyklischen Klimaverlaufs kurz gschildert werden. Den Klimaänderungen unterlag jeweils das gesamte Geschehen in der unbelebten und belebten Umwelt. So wurde auch die Sedimentation im Seebecken dadurch gesteuert. Während der wärmeren Phasen führte es Wasser, und es wurden organogene Sedimente abgelagert, wie Mudden und Torfe. Gleichzeitig sank infolge der Salzauslaugung (Subrosion) der Untergrund um einen geringen Betrag und entzog so die Ablagerungen späteren Abtragungsvorgängen. Während der Kaltphasen trocknete das Becken aus, Dauerfrost blockierte die Wasserzirkulation im Untergrund und unterband die Subrosion. Froststrukturen, wie Spaltennetze mit Eiskeilen, entstanden im Boden. Die arktischen Sommer erzeugten Auftauprozesse und Bodenfließen. Fließerden wanderten in das Seebecken. Gelegentlich wurden Sande und Kiese eingeschwemmt. Im trockenen Klima des kaltklimatischen Höhepunktes einer solchen Phase wurden von Westwinden die Feinerden aus dem Seebecken ausgeblasen. Dabei entstand eine Abtragungsfläche, oder genauer, da diese Fläche vom Wind erzeugt wurde, eine Ausblasungsfläche mit Steinsohle. Der weggeführte Staub wurde an anderen Stellen in den Steppen als Löß abgelagert. Während in den wärmeren Phasen eine dichte Vegetationsdecke bestand und die biologisch-chemische Verwitterung Böden bildete, kam es unter den kalten Verhältnissen nur zu einer Ausbildung einer niederen Vegetationsdecke mit Tundren- und Steppenvegetation, die stellenweise durch nackte Gesteinsoberflächen, die Frostschuttwüsten, unterbrochen war. Mechanische Verwitterung, vor allem

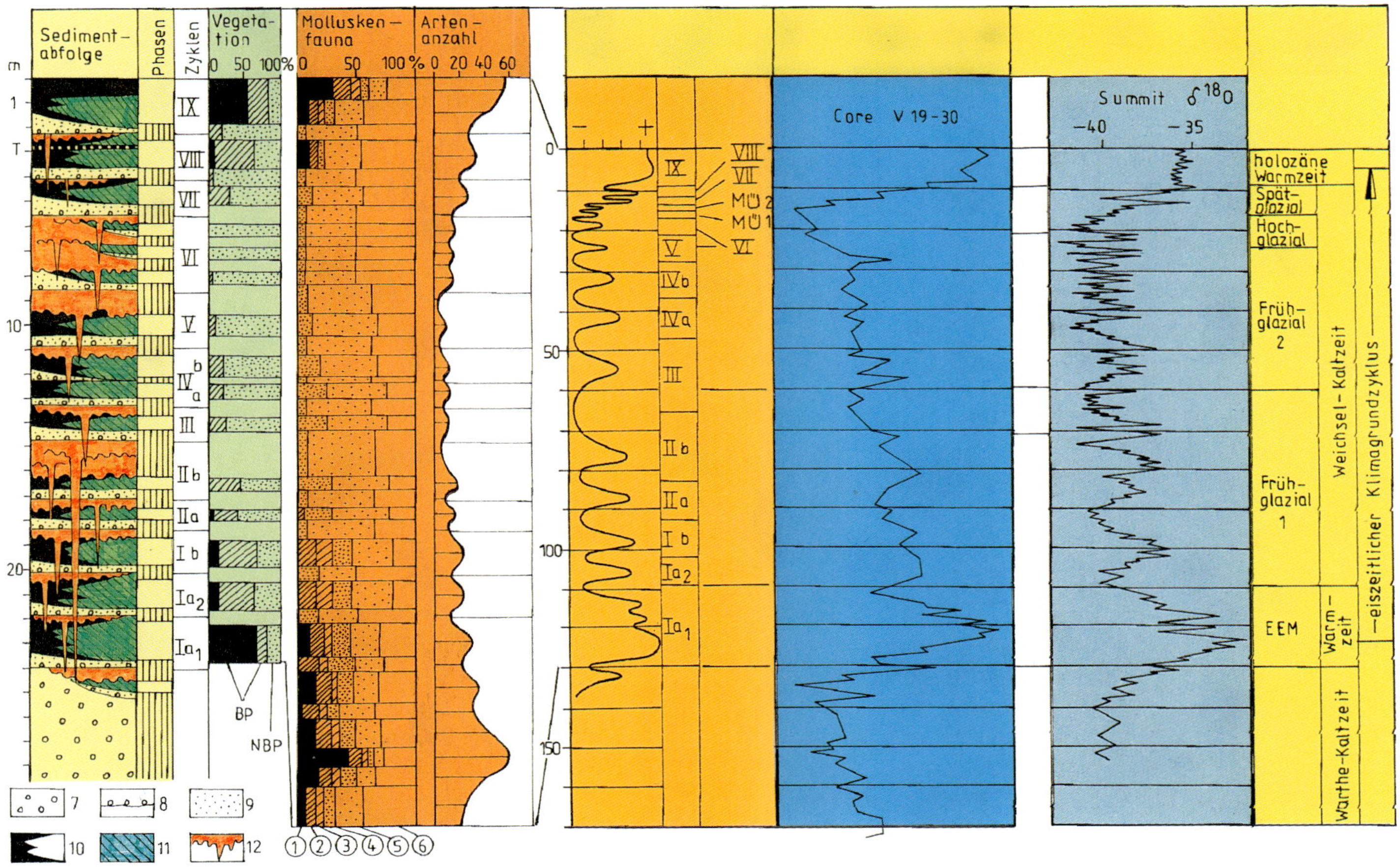

20 Die Klimaentwicklung der letzten 125 000 Jahre am Beispiel der Sedimentfolge aus dem Ascherslebener See (Nordharzvorland). Die Klimaentwicklung verläuft über zahlreiche Kleinzyklen, die ebenso vielen Klimaschwankungen entsprechen, welche den eiszeitlichen Klimagrundzyklus untergliedern. Ia1 bis IX: Sedimentzyklen = Klimaschwankungen. BP: Baumpollen (schwarz Eichenmischwald, schraffiert Nadelbäume und Birken). NBP: Nichtbaumpollen (Gräser, Kräuter). Molluskenfauna, ökologische Gruppen: 1 Arten, die im Wald leben, 2 Arten der trockenen lichten Wälder, Parks, Gebüsche, Waldsteppe, 3 Auwaldarten, 4 Arten der Steppe und allgemein der offenen Landschaft, 5 Arten verschieden feuchter Standorte, meist offene Landschaft, 6 Wasserarten. Sedimente: 7 Flußschotter, 8 Abtragungsfläche, 9 Sande, kiesige Sande, 10 Torfe, Anmoore, 11 Mudden, 12 Fließerden, Löß und Froststrukturen. – Mü1 und Mü2: Müchelner Intervalle 1 und 2. – Core V19-30 (W. Dansgaard u.a., Nature 364, 1993): Paläotemperaturkurve nach Sauerstoffisotopenmessungen der Ozeansedimente. – Summit (N. J. Shakleton, Quat. Science Rev. 6, 1987, 184): desgleichen an Bohrkernen aus dem grönländischen Inlandeis.

die Frostverwitterung, und Abtragungsvorgänge herrschten dann vor.

Mindestens fünfzehn derartige Sedimentzyklen, die ebensovielen Klimakleinzyklen entsprechen, ließen sich feststellen. Sie hatten eine durchschnittliche Dauer von 8000 Jahren. Doch läßt sich eine asymmetrische Wellenbewegung innerhalb des Klimaverlaufs erkennen, so daß die Dauer der Kleinzyklen doch unterschiedlich lang war.

Eine Warmzeit umfaßte etwa 15 000 Jahre. Die Kaltzeit aber mit ihren zahlreichen Schwankungen dauerte etwa 80 000 bis 100 000 Jahre. Bereits gegen Ende der letzten Warmzeit kam es zu zwei Schwankungen mit kühlen Phasen (Burgtonna). Dann setzte vor etwa 100 000 bis 110 000 Jahren mit einer ersten arktischen Phase die Kaltzeit ein.

Sie hatte eine lange Anlaufphase, die als Frühglazial bezeichnet wird. Es umfaßte 80 000 Jahre und endete ungefähr vor 22 000 Jahren. Das Frühglazial bestand aus acht Kleinzyklen. Eine besonders kalte Phase vor 60 000 bis 70 000 Jahren untergliederte es in zwei Abschnitte mit jeweils vier Kleinzyklen. Im älteren Abschnitt herrschten in den Interstadialen noch relativ warme, aber trokkene Verhältnisse, so daß es zur Ausbildung von Wiesen- und Waldsteppen mit Nadelwäldern aus Kiefern, Fichten und Lärchen sowie Birken, Espen, Erlen und vereinzelt noch anspruchsvolleren Gehölzarten (Eiche, Ulme, Hasel) kam. Mehr und mehr nahmen aber die Wiesensteppen überhand. Auch in den jüngeren Interstadialen kamen neben Weidengebüschen in den Tälern und Niederungen noch verstreut Gehölze aus Kiefern und Birken vor. Das Frühglazial war zugleich die Zeit verstärkter Abtragung, Schuttbildung und Schuttumlagerung. Die Flüsse in den Tälern der Bergländer schnitten sich ein und bildeten neue Talböden. Auf diesen transportierten sie den Verwitterungsschutt und lagerten ihn als Schotterdecke ab. In den Kaltphasen vergletscherten die Hochgebirge und in Fennoskandien formierte sich das Inlandeis. Dieses stieß während der kälteren Phase um 65 000 bereits bis in den südlichen Ostseeraum vor.

Während des Frühglazials wurde das Klima laufend kontinentaler und damit trockener. Das macht sich besonders in der Zunahme von Lößaufwehungen bemerkbar. Es folgte die relativ kurze Zeit des Hochglazials. Es umfaßte etwa 7000 Jahre und endete vor 15 000 Jahren. Diese Zeit war ausgesprochen kalt und trocken. Es lassen sich nur Schwankungen im Bereich von kurzen subarktischen Intervallen nachweisen. Es mögen drei bis vier solcher schwachen Zyklen gewesen sein. Die Gehölze waren gänzlich verschwunden. Kräuterreiche Wiesensteppen mit umfangreicher Lößbildung dehnten sich aus. Dazwischen gab es die Niederungstundren, in den Bergländern die steinigen Bergtundren, während bereits in mittleren Lagen der Mittelgebirge Frostschuttwüsten einsetzten. Tiefenerosion und Schotterakkumulation in den Tälern stagnierten. Stehende Gewässer wie im Ascherslebener Becken waren auf kleine Räume begrenzt und wurden vor allem vom Bodenschmelzwasser in den arktischen und subarktischen Sommermonaten gespeist. Im Norden erreichte das Inlandeis seine Maximalausdehnung und drang bis an die untere Elbe und die Havel vor (Brandenburger Stadium). Nach kurzen Abschmelzphasen stieß das Eis nochmals mehrfach vor und bildete die Frankfurter und die Pommersche oder Baltische Eisrandlage.

Mit dem Eiszerfall des Pommerschen Stadiums begann das noch kürzere, 5000 Jahre währende Spätglazial, die Zeit der raschen Wiedererwärmung und Feuchtigkeitszunahme. Das Spätglazial war durch noch kürzere, rasch aufeinanderfolgende und zunehmend intensivere Klimaschwankungen gekennzeichnet. Zuerst waren es zwei Intervalle (Müchelner Intervalle 1 und 2 – Geiseltal), ihnen folgten das Bölling- und das Allerödinterstadial. In diesen setzte bereits die Wiederbewaldung ein. Es entstanden in Mitteleuropa ausgedehnte Birken-Kiefernwälder und Kiefernwälder, die vielerorts, so im Elbe-Saalegebiet, noch aufgelockert waren und mit Wiesensteppen abwechselten. Im Norden wurde das Abschmelzen des Inlandeises durch mindestens vier Eisvorstöße nach Süden, die den arktischen Phasen der spätglazialen Schwankungen in unserem Gebiet entsprechen, unterbrochen, ohne daß dabei die südlicheren Eisrandlagen wieder erreicht wurden. Während der spätglazialen Kaltphasen verschwanden jeweils die Gehölze, und Tundren breiteten sich wieder aus. Die Flüsse führten im Spätglazial wieder Wasser und schnitten sich geringfügig in ihre Talböden ein. Doch bald schloß sich die Vegetationsdecke endgültig und unterband eine weitere Abtragung und Erosion. Nach der letzten Tundrenzeit setzte dann die schnelle Entwicklung der Warmzeit, in diesem Falle des Holozäns, ein.

Diese Entwicklung begann vor ca. 10 000 Jahren. Jetzt lassen sich alle wichtigen Phasen der warmzeitlichen Vegetationsentwicklung beobachten. Zuerst breiteten sich Birken- und Birken-Kiefernwälder aus. Die Kiefer nahm mehr und mehr überhand. In diese Kiefernwälder wanderten mit zunehmender Erwärmung die ersten anspruchsvollen Gehölzarten ein – Eiche, Ulme und Hasel. Zunächst kam es zu einer Massenausbreitung der Hasel in den Eichen-Kiefernwäldern, dann zu einem starken Vorstoß der Laubhölzer des Eichenmischwaldes, zu denen jetzt auch Esche, Ahorn und Linde gehörten. Nun wanderte die Eibe ein, und es kam zur Ausbreitung von besonders anspruchsvollen und wärmeliebenden Pflanzen, wie z. B. den süd- und südosteuropäischen Arten Flaumeiche, Weinrebe, Mistel, Efeu, Liguster, Wolliger Schneeball, Hartriegel, Kornelkirsche, Sauerdorn und anderen Arten. Während der älteren Interglaziale, die klimatisch noch weiter entwickelt waren als das Holozän, existierten zusätzlich Feuerdorn, Buchsbaum, Zürgelbaum, Südlicher Wacholder (Sadebaum), die Flügelnuß, die Walnuß, der Flieder, die Vielblütige Heckenkirsche und andere südlich verbreitete Arten. Die Eichenmischwaldphase und die darauf folgende Hainbuchenphase stellen das sogenannte Klimaxstadium während des Optimums einer Warmzeit dar. Bis zu dieser Zeit entwickelten sich braune Waldböden und die Parabraunerden. Danach setzten allmählich Bodenverdichtung und Staunässebildungen ein. Vernäßte Böden und Kühlerwerden des Klimas veränderten wieder die Vegetation. Zunehmend traten Fichte und Tanne auf, die wärmeliebenden Laubhölzer verschwanden, es folgten Kiefernwälder, schließlich Kiefern-Birkenwälder, die subarktische Baumtundra und die Tundra.

Wie die Pflanzenwelt, so reagierte auch die Tierwelt auf die Klima- und Landschaftsveränderungen. Abgesehen von den niederen Tieren und den Kleinvertebraten, die auf Grund ihrer Abhängigkeit von ihren Standortsbedingungen verläßliche Indikatoren für die Klima- und Umwelt-

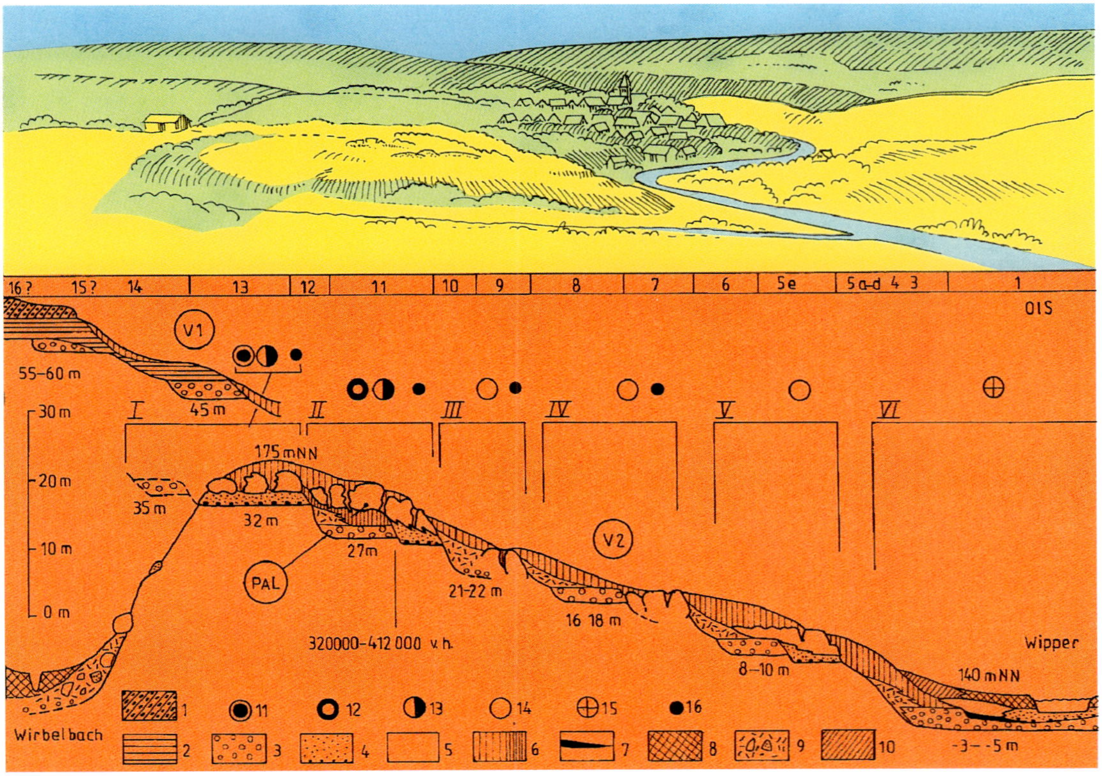

21 Gliederung der eiszeitlichen Ablagerungen im unteren Wippertal bei Bilzingsleben. Die Talböden (»Terrassen«) der Wipper in Beziehung zu warmzeitlichen Travertinablagerungen. Das idealisierte Terrassenprofil leitet sich aus dem Reliefbild des Wippertales ab. Oben: Blick nach Norden über das Wippertal und Bilzingsleben zur Hainleite, im Vordergrund das Plateau der »Steinrinne« mit den Travertinsteinbrüchen und der Ausgrabung. – 1 Grundmoräne der Elstervereisung, 2 Bändertone (Eisstausee-Sedimente), Elstervereisung, 3 kaltzeitliche Flußschotter, 4 warmzeitliche Flußablagerungen (Kiessande), 5 Travertine, 6 Lößdecken, 7 Torfe und Mudden, 8 Auesedimente, 9 Fließerden, Hangschutt, 10 humoser Hangschutt, 11 Theodoxus serratiliniformis-Fauna, 12 Corbicula fluminalis-Fauna, 13 Helicigona banatica-Fauna, 14 Helix-Fauna, 15 allgemeine mitteleuropäische Waldfauna, 16 Vorkommen von Celtis australis (Zürgelbaum). – I bis VI: Terrassen-Travertinkomplexe I bis VI; sie entsprechen den Klimazyklen Bilzingsleben I–VI. V1 und V2: Vereisungsterrassen 1 und 2. Pal: altpaläolithischer Fundhorizont. 1 bis 16 (OIS): Oxygen-Isotopen-Stadien der eiszeitlichen Klimakurve der Ozeane.

verhältnisse darstellen, waren besonders die größeren Säuger für den eiszeitlichen Menschen von grundsätzlicher Bedeutung als Nahrungsreserve. Je nach Klimaverhältnissen und der dadurch verursachten Zusammensetzung der Vegetation treffen wir verschiedene Faunengesellschaften an. In den Warmzeiten waren es jene der Laubmischwälder und warmen Waldsteppen. Kennzeichnende Arten waren der Waldelefant (Palaeoloxodon antiquus), das Wald- und Steppennashorn (Dicerorhinus kirchbergensis, Dicerorhinus hemitoechus), dann Wildpferd und Wisent (Equus sp., Bison sp.), aber auch Auerochse (Ur, Bos primigenius) und Hirsche, wie Rothirsch (Cervus elaphus), Damhirsch (Dama dama, die ältere Form Dama clactoniana, Übergangsformen), Riesenhirsch (Megaloceros giganteus) und Elch (Alces alces, Alces latifrons). Reh (Capreolus capreolus), Wildschwein (Sus scrofa) und Wasserbüffel (Buffelus murrensis) vervollständigen die Reihe dieser Pflanzenfresser, die vor allem in Herden oder größeren Gruppen die Landschaften bevölkerten, vor allem dort, wo dichte Wälder abgelöst wurden durch lockere lichte Bewaldung und eingestreute offene Landschaften, wie Steppenheiden, Buschsteppen und Grassteppen. In West- und Südeuropa kam noch das Flußpferd (Hippopotamus amphibius) dazu. Den großen Pflanzenfresserherden folgten die Raubtiere, wie Löwe (Panthera/Leo/spelaea), Panther (Panthera pardus), Hyäne (Crocuta crocuta, Crocuta spelaea), Bär (Ursus deningeri, Ursus arctos, Ursus spelaeus) und Wolf (Canis lupus). Kleinere Raubtiere waren Luchs (Lynx lynx), Wildkatze (Felis silvestris), Fuchs (Vulpes vulpes), Dachs (Meles meles), Marder (Martes sp.), Fischotter (Lutra lutra, Aonyx sp.) und andere.

In den kaltzeitlichen Tundren und Steppen traten statt dessen die an kaltklimatische Verhältnisse angepaßten Säuger auf, wie die Großsäuger Mammut (Parelephas trogontherii, Mammonteus primigenius) und Wollhaarnashorn (Coelodonta antiquitatis). Wildpferde und Wisente bevölkerten ebenfalls diese Landschaften. Die mehr an Warmzeiten angepaßten Hirsche ersetzte das in großen Herden lebende Rentier (Rangifer tarandus). Während der hocharktischen kalt-kontinentalen Zeitabschnitte kamen in den Lößsteppen Saigaantilopen (Saiga tatarica), Moschusochsen (Ovibos moschatus, Praeovibos priscus) und typische kleinere Säuger vor, wie Steppenmurmeltiere (Bobak bobak), Lemminge, Schneehasen (Lepus timidus), Schneehühner (Lagopus lagopus, Lagopus mutus) und Eisfüchse (Alopex lagopus). Charakteristische Vertreter dieser Faunen waren auch die großen Raubtiere, die im allgemeinen weniger an besondere Klimabedingungen angepaßt sind: Löwe, Hyäne, Bär und Wolf.

Während der Übergangsphasen zwischen Warm- und Kaltzeiten entstanden Mischfaunen, die in den durch boreale, aber kontinentale Klimaverhältnisse gekennzeichneten Wald- und Wiesensteppen lebten. Neben Mammut, Wollhaarnashorn, Rentier, Wildpferd und Wisent waren noch Auerochse, Steppennashorn, Rothirsch, Riesenhirsch, Wildschwein, ferner Wildesel (Hemionus hemionus, Asinus hydruntinus), Wildschaf, Steinbock (Capra ibex) und Gemse (Rupicapra rupicapra) sowie unter den allgemein üblichen Raubtieren der Vielfraß (Gulo gulo) vorhanden.

Grundsätzlich liefen alle eiszeitlichen Großzyklen ähnlich ab wie der geschilderte letzteiszeitliche Zyklus. In relativ kurzen Zeitabständen aufeinanderfolgende empfindliche Veränderungen der Umweltverhältnisse waren ihr besonderes Charakteristikum. Für die letzten 800 000 Jahre können wir etwa zehn oder elf derartige Grundzyklen nachweisen. In einigen dieser Zyklen liefen auch die größeren Inlandvereisungen ab, die weit genug über das Ostseegebiet nach Süden reichten. Es sind die beiden Elstervereisungen, die Saale-, Warthe- und die Weichselvereisung. Während die Zyklen und zugehörigen Warmzeiten vor den Elstervereisungen im Elbe-Saalegebiet nur teilweise bekannt geworden sind, zeigen uns die Abfolgen von Bilzingsleben und Schöningen sechs Klimagroßzyklen nach der Elstervereisung. Wir bezeichneten sie als »Bilzingsleben I bis VI« und »Schöningen I bis VI«. Da sie unterschiedlichen Sedimentationsabläufen ihre Entstehung verdanken, überschneiden sie sich jeweils an ihren Grenzen.

Bei »Bilzingsleben I bis VI« handelt es sich um eine Serie von sogenannten Flußterrassen, die jeweils warmzeitliche Travertine tragen. Wie die anderen Flüsse des Saalegebietes, schnitt sich auch die Wipper bei Bilzingsleben ihr Tal im Laufe des Eiszeitalters immer tiefer ein und zerstörte dabei die älteren Talböden, von denen Reste mit Flußschottern an den Talrändern oder auf den Talhängen zurückblieben. Der Talboden der Wipper, der die glaziale Serie der Elstervereisung trägt, liegt heute 45 m über der rezenten Talaue. Zwischen diesem Niveau und dem heutigen Talboden befinden sich sechs Terrassen-Travertinkomplexe. Die Terrasse bei 15 bis 18 m über der Aue trägt im Saalegebiet die Ablagerungen der Saalevereisung. Allein drei Klimazyklen mit ebenso vielen Warmzeiten lassen sich also zwischen Elster- und Saalevereisung einordnen. Die älteste dieser Warmzeiten ist die »Holsteinwarmzeit«. So bezeichnen wir alle drei Zyklen als »Holsteinkomplex«. Im Travertin der mittleren Warmzeit »Bilzingsleben II« befindet sich der archäologische Fundhorizont mit der Kultur und den Schädelresten des Homo erectus. Der Travertin des Zyklus »Bilzingsleben IV« gehört in eine Warmzeit zwischen der Saale- und Warthekaltzeit (sog. Saale-Komplex), der Travertin »Bilzingsleben V« stellt die Eemwarmzeit dar, der Travertin »Bilzingsleben VI«, der in der Talaue liegt, das Holozän.

Die Terrassen-Travertinfolgen beginnen jeweils mit der Tiefenerosion und Aufschotterung während einer frühglazialen Phase. Im Hochglazial wurde Löß aufgeweht. Der Dauerfrostboden blockierte andere geologische Vorgänge. Im Spätglazial schnitt sich der Fluß wieder um einige Meter tief in den kaltzeitlichen Schotterkörper ein und bildete den Talboden für die nachfolgende Warmzeit. Während der Warmzeit entstanden in der Nähe starker Karstquellen die Travertinausscheidungen, die vom Talboden aus über den Schotterkörper hinweg bis auf den benachbarten Talhang reichten.

Im Tagebau Schöningen am Elm im Nordharzvorland lief die Sedimentation unter dem Einfluß der Randsenkenbildung und Salzauslaugung eines Salzstockes, des Staßfurt-Helmstedter Sattels, ab. Der klimatisch gesteuerte Sedimentationszyklus begann jeweils mit der Auflösung des Dauerfrostbodens in einer spätglazialen Phase. Oberflächenwasser sammelte sich in einem Fließ-

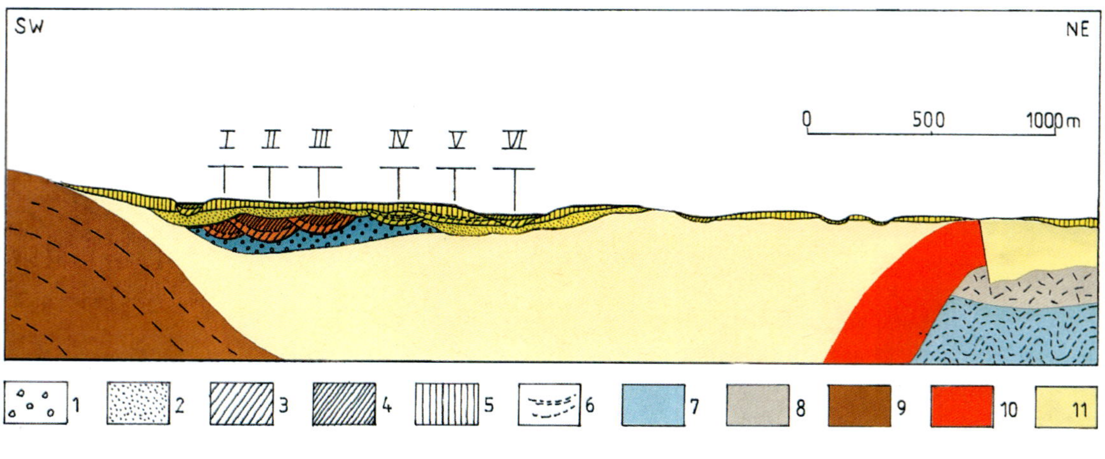

22 Die Gliederung der Deckschichten aus dem Eiszeitalter in der Südwestmulde des Helmstedter Sattels bei Schöningen. 1 Grundmoränen und Schmelzwassersande der Elstervereisung, 2 Grundmoränen und Schmelzwassersande der Saalevereisung, 3 Beckenschluffe, 4 Sumpf- und Seeablagerungen (Torfe, Mudden), 5 Lösse und lößartige Sedimente, 6 Böden (Bodenkomplexe), 7 Zechsteinsalinar (Salzstock), 8 Gipshut des Salzstocks, 9 Keuper, 10 Buntsandstein, 11 Tertiär (Sande, Schluffe, Tone, Kohleflöze der Südwestmulde bzw. Randsenke des Helmstedter Sattels). – I bis VI: Sedimentfolgen bzw. Klimazyklen Schöningen I–VI.

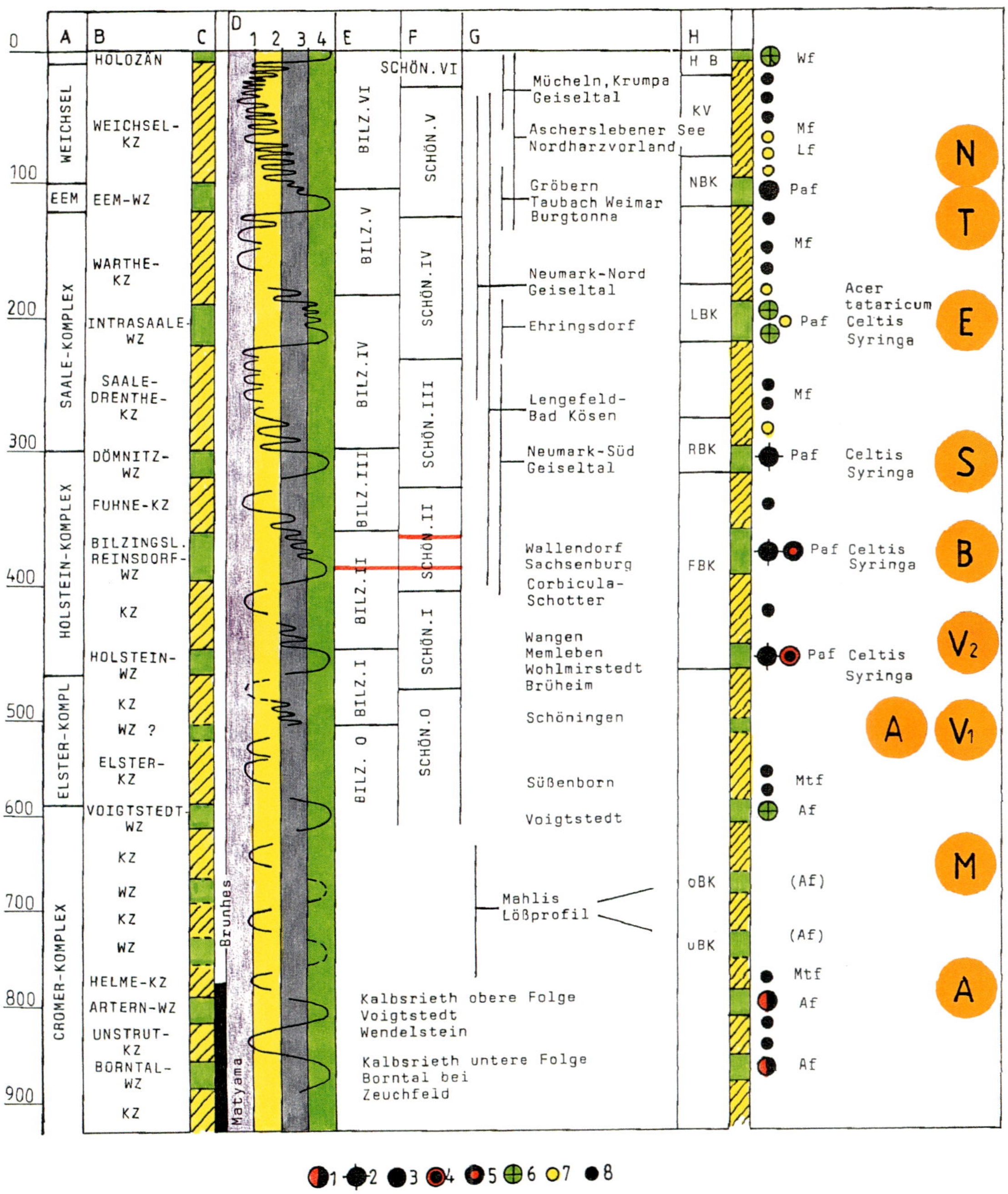

23 Klimaentwicklung der letzten 800 000 Jahre im mittleren Elbe-Saalegebiet. A und B: stratigraphische Abfolge (WZ Warmzeit, KZ Kaltzeit). C: Warmzeit (grün), Kaltzeit (gelb). D: Klimaverlauf. 1 arktisch, 2 subarktisch, 3 boreal, 4 gemäßigt. E: Sedimentfolgen/Klimazyklen von Bilzingsleben. F: desgleichen von Schöningen. G: Reichweite wichtiger Sedimentfolgen im Elbe-Saalegebiet. H: Bodenkomplexe (uBK und oBK unterer und oberer Bodenkomplex von Mahlis, FBK Freyburger Bodenkomplex, RBK Rudelsburger Bodenkomplex, LBK Langenbogener Bodenkomplex, NBK Naumburger Bodenkomplex, KV Kösener Verlehmungszone, HB holozäner Boden). – Wichtige Molluskenfaunen: 1 Fagotia acicularis-Fauna, 2 mittelpleistozäne Helicigona banatica-Fauna, 3 jungpleistozäne Helicigona banatica-Fauna, 4 Theodoxus serratiliniformis-Fauna, 5 Corbicula fluminalis-Fauna, 6 allgemeine mitteleuropäische Waldfauna, 7 Waldsteppenfauna, 8 Lößfauna. – Wichtige Wirbeltierfaunen: Af Südelefant/Archidiskodon meridionalis-Fauna, Mtf Steppenelefant/Parelephas trogontherii-Fauna, Paf Waldelefant/Palaeoloxodon antiquus-Fauna, Mf Mammut/Mammuthus primigenius-Fauna, Lf Graulemming/Lagurus-Fauna, Wf allgemeine mitteleuropäische Waldfauna. – Menschliche Funde: A Atapuerca, M Mauer, V1 und V2 Vertesszölös, B Bilzingsleben, S Steinheim, E Ehringsdorf, T Taubach, N Neandertalerfunde.

gewässer, das durch das flache Becken floß und eine Rinne ausräumte. In dieser wurden zunächst kiesige Sande und Sande abgelagert. Zugleich setzte die Subrosion und mit ihr die Absenkung der Beckenregion ein. So bildete sich ein flaches Seebecken, das in der nachfolgenden Warmzeit mit organogenen Ablagerungen – Schluff-, Ton- und Kalkmudden sowie Torfen und anmoorigen Böden – gefüllt wurde. In der danach einsetzenden frühglazialen Phase entstanden auf dem Wege der Solifluktion Fließerden und wurden wieder Sande eingeschwemmt. Frühglaziale Interstadiale mit Waldsteppen und Wiesensteppen hinterließen nochmals gering mächtige Seeablagerungen. Im Hochglazial stagnierten alle diese Vorgänge. Löß wurde eingeweht und umgelagert. Damit endete ein Sedimentationszyklus. Der nächste begann, indem sich während der spätglazialen Wiedererwärmung ein Fließgewässer in das Becken einschnitt, jedoch die älteren Ablagerungen nicht vollständig ausräumte. In der neuen Rinne entstand der nachfolgende Zyklus. Sechs derartige Zyklen konnten in einer seitlichen Aufeinanderfolge von Südwesten nach Nordosten festgestellt werden. Zyklus Schöningen I ist in die elsterzeitliche Grundmoräne und Schmelzwasserablagerungen eingeschnitten. Zwischen den warmzeitlichen Folgen der Zyklen III und IV liegt die Grundmoräne der Saalevereisung. Die Zyklen Schöningen I bis III bilden den Holsteinkomplex. In den warmzeitlichen Ablagerungen von Schöningen II befinden sich die wichtigsten paläolithischen Fundhorizonte. Sie sind mit Bilzingsleben II synchron. Schöningen IV enthält die intrasaalezeitliche Warmzeit, Schöningen V die Eemwarmzeit und Schöningen VI das Holozän.

Im Tagebau Neumark-Nord bei Frankleben im Geiseltal wurde erneut die intrasaalezeitliche Warmzeit (entsprechend Bilzingsleben IV und Schöningen IV) nachgewiesen. Ihre Ablagerungen wurden während der Abbauarbeiten im Tagebau so umfassend untersucht, daß mit ihnen und ihrem Fossilinhalt eines der vollständigsten und interessantesten Lebensbilder aus dem Eiszeitalter Mitteleuropas rekonstruiert werden kann – einschließlich der Aktivitäten mittelpaläolithischer Großwildjäger.

Die Travertine von Ehringsdorf gehören ebenfalls in diese intrasaalezeitliche Warmzeit, die ein ungefähres Alter von 200 000 Jahren hat.

Das Lebensbild des frühen Menschen in Europa

Noch wissen wir nicht genau, wann der frühe Mensch die kühleren Breiten Europas mit ihrem ständigen intensiven Umweltwechsel erreicht hat. Spätestens ab der Zeit vor 800 000 ist mit seiner Anwesenheit zu rechnen. Doch fällt auf, daß er in den ersten Jahrhunderttausenden nur während der wärmeren Klimaphasen die Gebiete nördlich der Alpen aufsuchte oder zumindest in den südeuropäischen wärmeren Mittelmeerländern lebte, wo sich die Klimaveränderungen nicht so stark auswirkten wie in Mitteleuropa.

Die Fundstelle bei Bilzingsleben geht jedenfalls auf die Anwesenheit einer Gruppe von frühen Menschen während der optimal entwickelten Klimaphase einer Warmzeit (Bilzingsleben II) im vierten Jahrhunderttausend zurück. Dieses Alter wurde mit Hilfe physikalischer Datierungsmethoden, die auf dem Verhältnis der Isotope ^{234}Uran und ^{230}Thorium im Travertin oder der Elektronenspinresonanz beruhen, ermittelt. Die Ergebnisse schwanken zwischen 320 000 und 412 000 Jahren vor heute.

Die Fundstelle im Travertin von Bilzingsleben

Der Fundhorizont ist in eine Travertinfolge eingebettet, die auf einem älteren Talboden der Wipper unter den warmen Klimaverhältnissen von kalkhaltigem Quell- und Bachwasser ausgeschieden wurde. Eine Karstquelle befand sich am Fuße des damaligen, etwa 9 bis 10 m hohen Talhanges, hinter dem sich in westlicher und nordwestlicher Richtung eine allmählich zur Hainleite ansteigende Hochfläche anschloß. Unterhalb des Quelltopfes hatte sich hinter einer Travertinkaskade ein etwa 200 mal 300 m großer flacher See gebildet. An seinem südwestlichen Ufer befand sich dicht neben der Quellbachmündung eine ebene Uferterrasse, die halbinselartig in das Seebecken vorsprang. Sie bildete einen idealen Siedlungsplatz, denn hier gab es freien Zugang zum lebenswichtigen Wasser; das Plateau über dem Platz bot eine gute Geländeübersicht, von der Wasserseite her war der Platz vor Raubtieren gesichert, und zusätzlich waren die Quelle, der See und das anschließende Wippertal mit seinen Altwässern und dem Fluß ein wichtiger Anziehungspunkt für das Wild.

Diese ideale Situation eines Lagerplatzes treffen wir immer wieder bei den Jägern und Sammlern des Eiszeitalters an. Auch die frühen Fundstellen in Ostafrika befanden sich auf trockenen Ufervorsprüngen, Sandbänken oder Kiesflächen der Seen und Flüsse in den Savannen, ob im ostafrikanischen Graben in der Olduvaischlucht, am Turkanasee oder im Omo- und Awashtal. Auch hier waren Wassernähe und Ufergehölz wichtig, aber trotz allem auch die Übersichtlichkeit eines mehr oder weniger offenen Standortes. Auf die mitteleuropäischen Fundstellen beschränkt, sind es Prezletice, Kärlich (H) und Schöningen (I und II/1), die eine ähnliche Situation wie Bilzingsleben erkennen lassen. Der Fundhorizont von Kärlich ist in einen Schwemmfächer am Seeufer eingebettet, wie auch die Kulturreste eines Lagerplatzes von Schöningen (Schöningen II/1), die aus

24 Der Lagerplatz von Bilzingsleben, Ausgrabung.

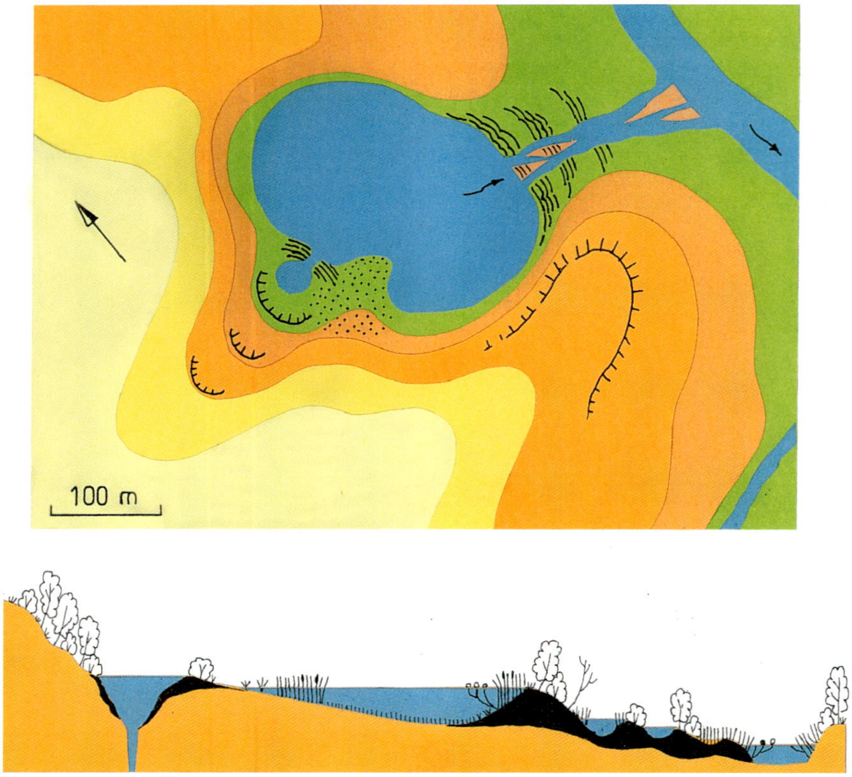

25 Der Lagerplatz von Bilzingsleben. Auf Grund der geomorphologischen, geologischen und paläontologischen Untersuchungen wurde der Lagerplatz von Bilzingsleben mit seiner Umgebung rekonstruiert. Die verschiedenen Farben geben Höhenstufen zwischen 165 und 175 m über NN an. Dargestellt wurde die in Quellnischen am Rande der Hochfläche aufsteigende Karstquelle mit Überlauf über eine Kaskade zum See. Der See lief über eine weitere Travertinkaskade zum Fluß ab. Der Lagerplatz befand sich auf der Uferterrasse (gerasterte Fläche). Der Schnitt verläuft diagonal durch die Karte. Schwarz: Travertinkaskaden. Dargestellt sind verschiedene Pflanzengemeinschaften.

der gleichen Vegetationsphase der Warmzeit wie die Funde von Bilzingsleben stammen. Die Schwemmfächer deuten auf Bacheinmündungen an sonst sumpfigen Seeufern hin. Nur diese flachen Sandkegel erlaubten einen Aufenthalt auf festem und zeitweise trockenem Grund und den bequemen Zugang zum Wasser. Am Nordufer des ehemaligen Ascherlebener Sees befand sich vor 80 000 Jahren ein Lagerplatz, der von mittelpaläolithischen Jägern wiederholt aufgesucht wurde und der Situation des Lagerplatzes von Bilzingsleben bis in Details gleicht. Eine halbinselartig vorspringende, flache Uferterrasse bildete den idealen Platz für ein Lager. Es war zum Wasser durch Ufergehölz und einen Schilfgürtel abgeschirmt, seine linke Flanke war durch den Lauf eines Baches geprägt, der dort einen breiten Schwemmfächer aus Sand aufgeschüttet hatte. Prallhang und Schwemmfächerwurzel waren frei von dichter Vegetation und erleichterten den Zugang zum Wasser. Der größte Teil der Uferterrasse selbst war mit Riedgraswiesen bedeckt, diese wurden von Gestrüpp eingesäumt, hinter dem der Uferwald begann. Zur Landseite hin gingen diese Wiesen in einen allmählich ansteigenden Hang über und nahmen den Charakter einer Hügelsteppe an. Hier erhob sich 25 m über dem Seeufer ein aus dem Plateau durch Bachtälchen herausgeschnittener Hügel mit einem freien Überblick über den See mit seinem Röhricht, dem Uferwald und den Weidendickichten sowie über das mit Schwarzerdewiesensteppen bedeckte Hinterland. Andere Fundstellen gehen auf Rast- und Lagerplätze zurück, die direkt auf den Travertinkaskaden oder in trocken gefallenen Travertinbecken angelegt waren. Das betrifft Fundstellen wie Isernia la Pineta, Vertesszölös, Bad Cannstatt und Ehringsdorf.

Allerdings wurden die Wasserstellen auch aus ganz anderen Gründen als zur Rast oder zur Errichtung eines Lagers für längere Zeit aufgesucht. Hier hielt sich das Wild an den Tränken, den Suhlen und an geschützten Einständen auf. So waren diese Stellen ideale Jagdplätze. Wiederholt wurden derartige Verhältnisse an Fundstellen erkannt, wie am interglazialen See von Neumark-Nord im Geiseltal oder am Seeufer von Schöningen (II/4). Auch die Funde von Torralba und Ambrona gehen offenbar auf die Jagd in der Nähe von Sümpfen und Altwässern in einem breiten Flußtal zurück, während die Befunde von Aridos östlich von Madrid, von Lehringen und von Gröbern nordwestlich und nordöstlich des Harzes, wo jeweils zwischen den Knochen von Elefantenskeletten die steinernen »Tranchiermesser« gefunden wurden, wohl Schlachtplätze darstellen, an denen große Tiere zerlegt wurden.

Die Umwelt des Homo erectus von Bilzingsleben

Der Fundhorizont von Bilzingsleben wurde direkt auf der ehemaligen Oberfläche der Uferterrasse angetroffen. Seitlich fiel er über die Uferkante in die Travertinsande des Schwemmfächers ab. Schwemmfächer und Uferplatte wurden von Seekalken, diese vom alles schützenden, widerstandsfähigen Travertin bedeckt. Zuerst entstand aus den Seekalken ein locker strukturierter Schilf- und Moostravertin mit Jahresschichtung. Er zeigt, daß der See, der auch seine Ufer mit dem Lagerplatz überschwemmte, allmählich verlandete und zu einem flachen Sumpf wurde. Die Pflanzenrasen wurden jetzt vom Wasser durchrieselt, und es entstanden durch die Ausscheidung des Kalkes in fester Form auf den Planzenstengeln die Strukturtravertine. Aus diesen ging die feste Travertinplatte hervor. In ihr ließ sich ein ganzes Mosaik von zeitlich ständig wechselnden Standorten nachweisen, so von Rinnsalen, Tümpeln, größeren Wasserbecken, Rieselfeldern, Kaskaden mit ihren Travertinbecken, sumpfigen Stellen mit unterschiedlichem Pflanzenwuchs bis hin zu trockenen Bereichen, wo Büsche und Bäume wuchsen.

Weitere wichtige Details der ehemaligen Umweltverhältnisse lassen sich aus diesen Pflanzenabdrücken, aber auch den Blütenpollen der Pflanzen erschließen, die sich in den Seekalken und Travertinen erhalten haben. Nach Aussage von Pollenanalysen wurden der Fundhorizont, der Schwemmfächer, der darauf lagernde Seekalk und der Travertin im klimatischen Optimum der Warmzeit unter warm-gemäßigten Klimabedingungen gebildet. Das war die Übergangszeit von der Eichen-Haselzeit zur Hainbuchenzeit. In der weiteren Umgebung gab es demnach teils Eichenmischwälder, teils Hainbuchenwälder, beide mit hohem Haselanteil. Auch Esche, Ulme, Linde, Ahorn und Kiefer waren beteiligt. In den Niederungen wuchsen zahlreich Weiden. Im Laufe der Seekalksedimentation breiteten sich in der Umgebung die Hainbuchen stärker aus. Die Hasel ging zurück. Auch Kiefern wurden häufiger. Hohe Pollenwerte von Erlen bezeugen ausgedehnte Erlenbrüche in der nahen Niederung. Neu ist das Auftreten der Tanne in den Wäldern. Straucharten sind außer Hasel, Liguster und Wolliger Schneeball im Pollenniederschlag kaum vorhanden. Sie kommen statt dessen in den mehr oder weniger gleichaltrigen Partien des Travertins in größeren Mengen vor und lassen die Standortverhältnisse für die Zeit der Besiedlung der Uferplatte noch besser charakterisieren.

So treten neben verschiedenen Baumarten auffällig viele Sträucher auf. Charakteristisch sind in der Flora besonders Arten, die heute im nördlichen Mitteleuropa nicht mehr oder nur noch selten vorkommen und in Süd- und Südosteuropa beheimatet sind. Das sind vor allem die submediterranen Arten Buchsbaum (Buxus sempervirens), Zürgelbaum (Celtis australis), Weinrebe (Vitis vinifera ssp. sylvestris), Kornelkirsche (Cornus mas) und Wolliger Schneeball (Viburnum lantana). Als pontisch-südsibirisches Element tritt der Elsässer Haarstrang (Peucedanum alsaticum) auf, ein Doldenblütler. Ostsubmediterrane Arten sind der Feuerdorn (Pyracantha coccinea) und der Köröser Flieder (Syringa josikaea). Zu den südlichen Arten gehört auch der Stinkwacholder (Sadebaum, Juniperus sabina). Das Strauchfingerkraut (Potentilla fruticosa) hat heute subboreale-kontinentale Verbreitung. Zu diesen Exoten gesellen sich typische Arten der mitteleuropäischen Florenregion, wie der Bergahorn (Acer pseudoplatanus), die Vogelkirsche (Cerasus avium), der Efeu (Hedera helix), die Eibe (Taxus baccata), die Sommerlinde (Tilia platyphyllos) und die Goldnessel (Galeobdolon luteum). Weitere Elemente sind die Moorbirke, die Fichte und die Zitterpappel. Dazu kommt noch eine ganze Anzahl weiterer Bäume und Sträucher. Mit dieser eigenartigen Zusammensetzung ist die Bilzingslebener Flora zwar vorwiegend mitteleuropäisch, sie steht aber auch der mediterranen Florenregion nahe.

Die Hauptrolle spielten die breitblättrigen Laubbäume: Steineiche, Feldahorn und Bergahorn, Sommerlinde, Süßkirsche, Esche, Zürgelbaum, Kornelkirsche, Hasel, Flieder und Faulbaum. Die Pollen ergänzen diese Gesellschaft um Ulme und Hainbuche. Da diese Bäume bisher im Travertin nicht als Großreste nachgewiesen wur-

26 Das Gründelsloch bei Kindelbrück, eine aufsteigende Karstquelle, die durch einen Erdfall 1611 entstand. Sie schüttet 150 bis 600 l Wasser pro Sekunde aus und ist die Nachfolgequelle jener Quellen, die vor 350 000 bis 400 000 Jahren die Travertine der Steinrinne gebildet haben.

27 An Gefälleknicken oder Hindernissen scheidet das kalkhaltige Bachwasser bevorzugt Travertin aus, der Kaskaden mit kleinen Staubecken bildet.

28 Dieses Moospolster wuchs auf einer Travertinkaskade im Bachwasser aus dem vorjährigen, im Sommer versinterten Moosrasen. Auf derartige Weise entstehen Moostravertine mit Jahresschichtung.

29 Moostravertin von Bilzingsleben.

den, wuchsen sie wahrscheinlich erst in der weiteren Umgebung.

An immergrünen Arten traten Buchsbaum und Feuerdorn auf. Kleinblättrige Sommerlaubgehölze stehen mehr im Hintergrund: Zitterpappel, Moorbirke, Felsmispel (Cotoneaster integerrimus), Sauerdorn (Berberis vulgaris) und Strauchfingerkraut. Noch seltener sind immergrüne Koniferen: Fichte, Stinkwacholder und Eibe. Dem widerspricht aber der hohe Anteil von Kiefernpollen, während Kiefernreste im Travertin bisher vollständig fehlen. Das bedeutet, wie bei der Hainbuche, daß Kieferngehölze und Hainbuchenwälder erst weiter entfernt von der Fundstelle vorkamen, wahrscheinlich im Bereich des Hainleitehöhenzuges und der nördlich davon liegenden Windleite, deren Sandböden für die Kiefer geeignet waren.

In der näheren Umgebung des Travertinbekkens waren vielmehr lichte Eichentrockenwälder verbreitet. Außer den Eichen kamen in diesen Wäldern Sommerlinde, Feldahorn, Esche, Faulbaum und zahlreiche Straucharten vor. Am häufigsten war Buchsbaum. Weiter traten Celtis, Feuerdorn, Kornelkirsche, Hasel, Felsmispel, Wildbirne, Wolliger Schneeball, Sauerdorn und Liguster auf. Auch der Efeu und die Eibe kamen in diesen Wäldern vor. Stellenweise war offenbar die Gesellschaft der Eichen-Buchsbaumwälder ausgebildet, wie sie heute in Südfrankreich und Oberitalien verbreitet sind. Da der Köröser Flieder eine große Rolle spielte, gingen wohl diese Trocken-

30 Blattabdrücke vom Buchsbaum aus dem Travertin von Bilzingsleben. Dazu je ein Blatt von Hasel und Eiche.

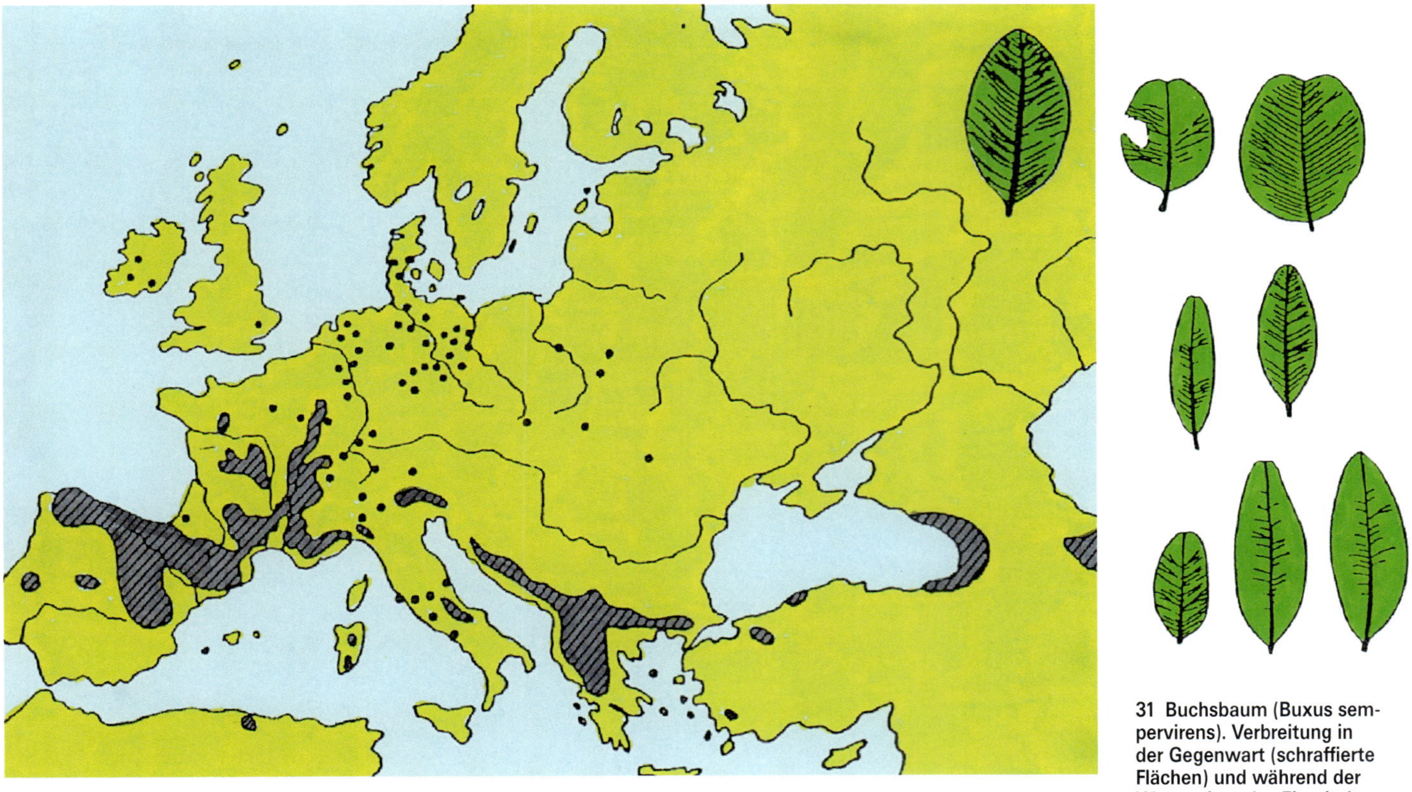

31 Buchsbaum (Buxus sempervirens). Verbreitung in der Gegenwart (schraffierte Flächen) und während der Warmzeiten des Eiszeitalters (Punkte). Die Blattabdrücke stammen aus Bilzingsleben (Mai 1983).

wälder an vielen Stellen in die mehr strauchförmigen Buchsbaum-Fliedergesellschaften über, wie sie heute in der östlichen Mittelmeerregion typisch sind. Beide Vegetationsformen bedeckten weiträumig die Plateaus und Höhenrücken der Umgebung und klimatisch wie geographisch ähnliche Gebiete Thüringens und des Nordharzvorlandes. Sie wurden durchmischt und abgelöst von Wäldern, die reicher an Hainbuchen und Kiefern waren.

An weiteren wärmeliebenden Strauch- und Gebüschgesellschaften wurden der Sauerdornverband, Hasel- und Kornelkirschenbestände sowie Bergmispel-Wacholdergebüsche nachgewiesen. Außer Buchsbaum, Feuerdorn, Flieder und Strauchfingerkraut kommen an wichtigen Straucharten Sauerdorn (Berberitze), Wolliger Schneeball, Kornelkirsche, Roter Hartriegel, Liguster, Hasel, Stinkwacholder, Brom- und Himbeere vor.

Alle diese Vegetationsformen haben in der Umgebung der Karstquelle und des Lagerplatzes eine Rolle gespielt. Auffällig dabei ist ein relativ hoher Anteil von offenen Vegetationstypen, die vor allem durch die Gebüschgesellschaften erkennbar sind, aber auch von Steppenwiesen gebildet wurden. Dafür sprechen die zahlreichen Süßgräser und Kräuter, wie Beifuß (Artemisia), Korbblütler und Gänsefußgewächse und weitere lichtliebende Pflanzen, wie Mädesüß, Wiesenraute, Kleiner Sauerampfer, Labkraut, Adlerfarn, Ehrenpreis und Heidekraut.

Stellenweise waren im Bereich der Quelle und der Travertinkaskaden die für Travertinsümpfe charakteristischen Eschen-Bergahorngehölze ausgebildet. Hier wuchsen auch Schwarzerlen, während mit reinem Erlengebüsch, ausgedehnten Seggen-Grauweidendickichten und Riedflächen in den nahen Talauen zu rechnen ist. Hier können auch artenreiche Auenwälder existiert haben. In ihnen fanden Tannen und Kletterpflanzen – Weinrebe, Waldrebe, Hopfen und Efeu – ihre Verbreitung.

32 Blattabdrücke vom Feuerdorn aus dem Travertin von Bilzingsleben.

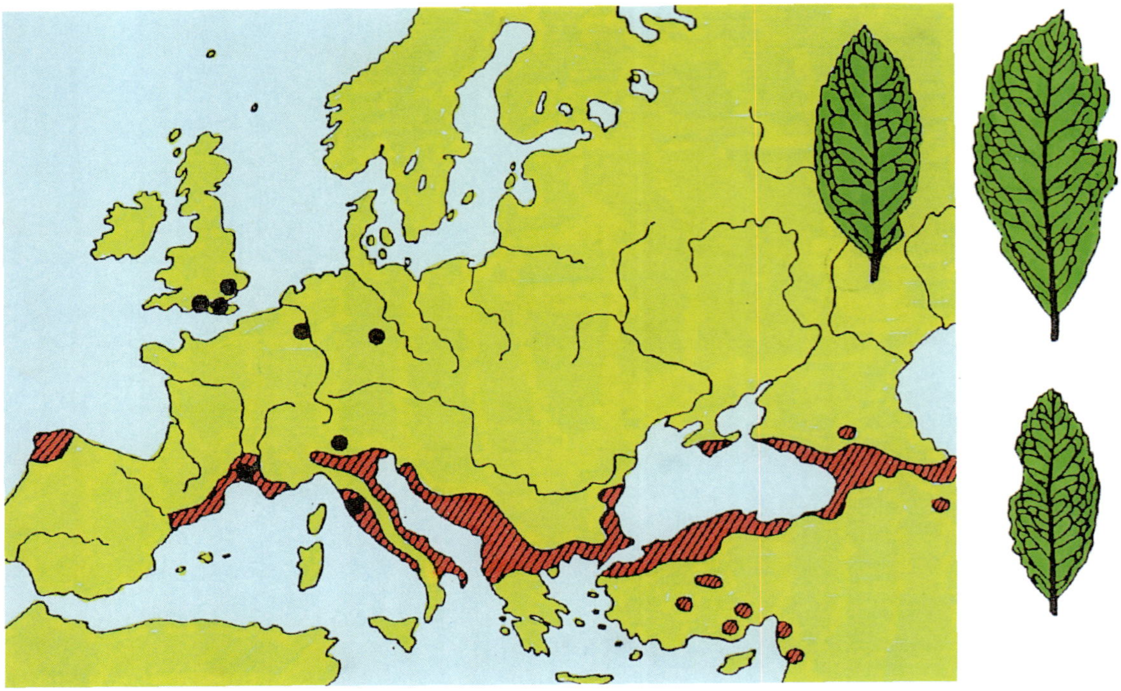

33 Feuerdorn (Pyracantha coccinea). Verbreitung in der Gegenwart (schraffierte Flächen) und während der Warmzeiten des Eiszeitalters (Punkte). Blattabdrücke von Bilzingsleben (Mai 1983).

Nahe des Lagerplatzes gab es Seggenwiesen und einen Röhrichtgürtel – das zeigen allein schon die zahlreichen Pflanzenstrukturen der Travertinsedimente. Auch Moosrasen kamen in der sumpfigen Übergangszone vom Ufer zum flachen See vor. Stellenweise nahmen diese Moosrasen den Charakter kleiner Flachmoorgebiete an. Hier kamen nach Aussage der Pollen neben verschiedenen Laubmoosen und Seggen auch Torfmoos, Tüpfelfarngewächse, der Sumpffarn (Thelypteris thelypteroides) und selbst der Rundblättrige Sonnentau (Drosera rotundifolia) vor. Der Sumpffarn ist auch sonst mit Blattabdrücken im Travertin verbreitet und wuchs offenbar an vielen sumpfigen Stellen des Travertinbeckens. Im Röhrichtgürtel wuchsen Breitblättriger Rohrkolben, Igelkolben und Froschlöffel. Ihnen schloß sich zum See hin eine Schwimmblattzone an mit Laichkräutern, Ährentausendblatt, Krebsschere, Tannenwedel, Seerose und Schwimmfarn. Auf dem Seegrund selbst dehnten sich umfangreiche Characeenbestände aus, Armleuchteralgen also, deren kalkige Skelette an der Seekalk- und Travertinbildung umfangreich beteiligt waren. Im Kaskadenbereich, wo das Wasser des Travertinbeckens über Stufen und Becken wasserfallartig abfloß, bildeten sich umfangreiche Rasen aus kalkliebenden Laubmoosen, z. B. Cratoneurumarten, während Braunalgenbärte niederhingen und versinterten. Feuchte bis nasse Sinterwände waren mit Lebermoosthallien überzogen.

Es ist also möglich, mit Hilfe der Travertinstrukturen, der Pflanzenabdrücke im Travertin und der Pollen die Umweltverhältnisse des Lager-

34 Blattabdrücke vom Köröser Flieder aus dem Travertin von Bilzingsleben.

35 Blattabdruck von der Weinrebe aus dem Travertin von Bilzingsleben.

platzes, die durch die Vegetation bestimmt wurden, bis in kleine Einzelheiten zu rekonstruieren. Diese Rekonstruktion kann mit Hilfe anderer Fossilfunde zu weiteren speziellen Standortverhältnissen ergänzt werden. Das ist besonders mit Hilfe der in über hundert Arten auftretenden Land- und Wasserschnecken und einiger Muscheln möglich, die uns entsprechend ihren ökologischen Ansprüchen Auskunft über die Beschaffenheit ihrer Mikroumwelt geben. Sie bestätigen die durch die Pflanzenfunde und Pollen erschlossenen Umwelt- und Klimaverhältnisse. Es kommen Schneckengesellschaften der geschlossenen Laubmischwälder wie auch der lichten Trokken- und Parkwälder, der Gebüschstandorte und der offenen Landschaften vor. Letztere lassen sich nach diesen Gesellschaften trockenen Steppenwiesen, gebüschdurchsetzten Steppenheiden, Felsensteppen und Trockenrasen, aber auch offenen feuchten bis nassen Wiesen, Wiesensümpfen und sumpfigen vegetationsreichen Ufern zuweisen. Von diesen aus setzten die das Wasser bewohnenden Weichtiergesellschaften ein. Wie die entsprechenden Pflanzenfunde lassen auch sie die Existenz von Sümpfen, von versumpften Ufern mit schwankendem Wasserspiegel, von Röhricht über die Schwimmpflanzenzone hin zum offenen stehenden oder fließenden Gewässer erkennen. Spezielle Gesellschaften belebten die besonderen Kleinbiotope der Travertinbildungsräume, wie überrieselte Moosrasen, Kaskaden mit Spritzwasserbereichen, Quelltümpel und Quelltrichter, geben aber auch Aufschluß über chemische Besonderheiten des Wassers, wie z. B. einen höheren Salzgehalt, der wahrscheinlich auf aufsteigende Salzsole aus den Steinsalzlagern im Untergrund zurückging. Diesen Salzgehalt des Quell- und Seewassers lassen auch einige salzwasserliebende Muschelkrebse (Ostrakoden) erschließen.

Wie in der Travertinflora fallen in der Molluskenfauna Arten auf, die in Süd- oder Südosteuropa leben und aus klimatischen Gründen heute Thüringen nicht mehr erreichen. Wichtigste Arten unter diesen Exoten sind z. B. die beiden großen Waldschnecken Helicigona banatica und Aegopis verticillus. Abgesehen von Hinweisen auf verschiedene Klein- und Kleinstbiotope, die uns die Muschelkrebse vermitteln, ist der Nachweis einer exotischen Ostrakodenart (Microdarwinula zimmeri) von Bedeutung. Sie lebte unter warmen milden Klimaverhältnissen im vom Spritzwasser durchtränkten Moos- oder durchrieselten Pflanzenrasen. Heute ist sie im äquatornahen Gebiet verbreitet und kommt aus klimatischen Gründen in Mitteleuropa nicht mehr vor.

36 Schnecken als Umweltzeugen sind im Travertin gut erhalten. Das Bild zeigt einige Großschnecken (Helicigona banatica, Helix pomatia, Cepaea nemoralis).

Es stellt sich die Frage nach den Klimawerten während des Aufenthalts von Homo erectus am See von Bilzingsleben. Sie lassen sich vor allem aus den Pflanzen- und Molluskenarten ermitteln. Danach lag das jährliche Temperaturmittel bei etwa +10 bis +13 °C (gegenüber +8,6 °C heute im nördlichen Thüringen). Das Temperaturmittel des kältesten Monats, des Januar, lag bei −0,5 bis +3 °C (gegenwärtig −1 °C), des wärmsten Monats, des Juli bei +20 bis +25 °C (gegenwärtig +17 °C). Der Buchsbaum kommt beispielsweise nur innerhalb der Januarisotherme von 0 °C vor. Das absolute Minimum der Temperatur kann von jenen empfindlichen Pflanzen angegeben werden, die bei bestimmten Kältegraden erfrieren, z. B. durch Celtis australis. Danach lag es bei −19 °C (gegenwärtig −29 °C). Die Zahl der warmen Monate mit über +10 °C Temperaturmittel lag bei sieben gegenüber fünfeinhalb heute. Die Niederschläge waren nur etwas höher als heute in dieser, durch die Verhältnisse des Mitteldeutschen Trockengebietes gekennzeichneten Landschaft: Sie betrugen etwa 800 mm im Jahr (gegenwärtig 500 bis 550 mm). Trotzdem gab es keine geschlossenen Wälder. Das

37 Eine Flußschnecke, die vor 400 000 Jahren in der Wipper gelebt hat: Theodoxus serratiliniformis. Eine verwandte Art kommt heute in der unteren Donau vor.

38 Reste von Wirbeltieren aus dem Travertin von Bilzingsleben. Es handelt sich um die Jagdbeute des Menschen. Von oben nach unten, links: Unterkiefer vom Waldelefanten, Unterkiefer vom Waldnashorn, Oberkieferfragment vom Löwen. Rechts: Unterkiefer vom Bären, Unter- und Oberkiefer vom Biber und Wirbel vom Wels.

geht darauf zurück, daß die Niederschläge im Jahresablauf zweigipflig (gegenwärtig eingipflig) verteilt waren – ähnlich wie bei Klimavergleichsstationen aus dem nördlichen Mittelmeergebiet, wo wir auch vergleichbare Vegetationsformen vorfinden, wie sie bei Bilzingsleben existiert haben. Danach waren die Sommer sehr warm und trocken, da niederschlagsarm. Es handelte sich um ein mediterran-subkontinental beeinflußtes Klima. Auf ein thermisch-kontinentales Klima mit warmen und trockenen Sommern verweisen z. B. einige heute subkontinental verbreitete Arten in der Bilzingslebener Travertinflora, wie das Strauchfingerkraut und der Elsässer Haarstrang.

Die klima- und vegetationsbegünstigte Landschaft, die sich bis in viele Details erschließen läßt, hatte ohne die großen Wirbeltiere keine große Bedeutung für den frühen Menschen. Doch gerade eine solche, mosaikartig aus vielen Standorttypen bestehende Landschaft – und eben nicht der geschlossene Wald –, also die sogenannte »Waldrandfazies«, war die beste Voraussetzung für die Existenz großer Pflanzenfresser und ihr reiches Vorkommen in großen Herden und Rudeln unter warmzeitlichen Klimaverhältnissen.

Die großen Säugetiere lassen sich auch in den Jagdbeuteresten des Homo erectus von Bilzingsleben nachweisen. So kommen Waldelefanten, Wald- und Steppennashörner, Wisente und Auerochsen, große Wildpferde, zahlreiche Rothirsche, seltener Dam- und Riesenhirsche, ebenfalls seltener Rehe und Wildschweine vor. Diese Tiere zogen die großen Beutegreifer an. Nachgewiesen sind Löwe, Bär, Wolf und auch kleinere Raubtiere, so Fuchs, Dachs, Marder und Wildkatze. Hyänen – in eiszeitlichen Faunenansammlungen immer vertreten – fehlen erstaunlicherweise am Lagerplatz des Bilzingslebener Homo erectus. Wahrscheinlich ist das ein Hinweis darauf, daß die Menschen längere Zeit ständig auf dem Lagerplatz anwesend waren und sich diese zudringlichen Aas- und Knochenfresser vom Leibe hielten, sie aber nicht aktiv jagten.

Diese Fauna bildete die wichtigste, aber nicht die einzige Existenzgrundlage des Menschen. Die geschilderte Pflanzenwelt bot darüber hinaus wichtige Nahrungsmittel, mit deren Hilfe zumindest vom Frühling bis zum Herbst die Hälfte des Bedarfs bestritten werden konnte. Erfahrungsgemäß sind ihre Reste selten erhalten geblieben. Doch lassen viele nachgewiesene Pflanzenarten auf eßbare Teile – verschiedene Früchte, Samen, Nüsse, Beeren, Sprosse, Blätter, Rinden, Wurzeln, Säfte und darüber hinaus auch auf andere eßbare Pflanzen – schließen, die in solchen Gemeinschaften natürlicherweise vorkommen, aber nicht aufgefunden wurden. In der Bilzingslebener Fundschicht wurden von dieser vielfältigen vegetarischen Kost lediglich versinterte Kerne der Süßkirsche gefunden. Daneben tauchen aber auch die Eierschalen von großen Wasser- und Sumpfvögeln und die Schalen von Flußmuscheln auf – sicher auch Reste von gesammelten, wichtigen Nahrungsmitteln. Sie deuten darauf hin, daß neben erbeuteten Tieren und pflanzlicher Nahrung auch eine Menge an vielfältigen eßbaren Bestandteilen der Naturumwelt genutzt wurde, wie sie die Kleintierwelt liefert – Maden, Larven, Weichtiere, Eidechsen, kleine Säuger, Kleinvögel, Eier, Jungtiere von größeren Säugern, die noch nicht fluchtfähig waren. Unter den Knochenresten der Jagdfauna von Bilzingsleben befinden sich so auch einige Knochen vom Höckerschwan (Cygnus olor), von der Schellente (Bucephala clangula) und von der Stockente (Anas platyrhynchos). Sie deuten darauf hin, daß die unter warmzeitlichen Verhältnissen entwickelte reiche Avifauna und damit genügend Eierlieferanten unter den Sumpf- und Wasservögeln auch wirklich existiert haben. Weitere Nachweise beziehen sich auf Greifvögel, wie den Seeadler (Haliaeetus albicilla) und die Waldohreule (Strix aluco), und auf verschiedene Singvögel, z. B. die Amsel (Turdus sp.).

Unter den kleineren Säugern wurde vor allem dem Biber (Castor fiber) und dem Altbiber (Trogontherium cuvieri) nachgestellt. So finden wir ihre Skelettreste auch in großer Menge unter den Speiseabfällen – und nur dort, nicht dagegen in den anschließenden gleichaltrigen, fundleeren Sedimenten, so daß die Zugehörigkeit ihrer Reste zum Abfall des Lagerplatzes indirekt bewiesen wird.

Biber müssen in den Biotopen des Travertinbeckens und der anschließenden Talaue, darüber hinaus in den Weidendickichten, Auwäldern und Riedflächen der benachbarten Täler von Unstrut, Helbe und dem Frankenhäuser Tal reichlich vorhanden gewesen sein. Ihr Vorkommen und ihre Lebensgewohnheiten deuten auf entsprechende Standorte in Weichholzauen hin, wie klare Fließgewässer und Altwasserlandschaften mit Erlenbrüchen und Weidengebüsch, kraut- und schilfreichen Ufern und Sümpfen. Auch das Travertinbecken war einer dieser Lebensräume, die gelegentlich von den Bibern aufgesucht wurden. Ein Biberdamm war wahrscheinlich auch die Ursache, daß der See im Travertinbecken rasch anstieg, die besiedelte Uferzone unter Wasser setzte und die Menschen zwang, den Platz aufzugeben. Gerade durch die Überschwemmung und Ablagerung von Seekalk hat sich der Platz so ausgezeichnet erhalten.

Außer den Bibern gab es weitere Kleinsäuger, die die feuchten bis sumpfigen, teils offenen, teils bewaldeten oder mit Strauchwerk bedeckten Ufersäume und Talauen besiedelten. Andere kamen in der trockeneren Umgebung vor. Es sind bisher Maulwurf und Waldspitzmaus unter den Insektenfressern, Ziesel, Siebenschläfer, Gelbhalsmaus, Rötelmaus, Schermaus, Feld- und Erdmaus, Sumpfmaus unter den kleinen Nagetieren aufgefunden worden. Nur wenige Reste deuten auf Amphibien (Erdkröte) und Reptilien (Ringelnatter) hin, die allerdings in den geschilderten Lebensräumen viel arten- und individuenreicher vorgekommen sein müssen.

Eine für den Menschen wichtige Komponente der Tierwelt waren die Fische. Sie wurde auch genutzt, wie Fischreste unter den Speiseabfällen beweisen. So haben sich von den leicht vergänglichen Überresten zahlreiche Schlundzähne von Schleien (Tinca tinca) und Wirbel von bis über 2 m langen Welsen (Silurus glanis) erhalten. Auch die Groppe (Cottus gobio) kam vor. Die Annahme ist selbstverständlich, daß die Gewässer im Travertinbecken und erst recht in den Flüssen und Altwässern der Umgebung fischreich gewesen sind.

Die Anpassung des frühen Menschen an die europäische Umwelt

Es ließe sich von den ehemaligen Umweltverhältnissen, in denen die Menschen von Bilzingsleben lebten, noch eine Fülle von Details aufzeigen, die sich aus den Lebensgewohnheiten der zahlreichen nachgewiesenen Pflanzen- und Tiergemeinschaften ergeben oder aus Einzelbefunden rekonstruierbar sind. Es soll die hier gegebene, bereits sehr umfangreiche Schilderung das Beispiel für eine warmzeitliche Umwelt sein, die in der Regel vom frühen Menschen in Europa aufgesucht wurde. Sie läßt sich allerdings bei diesem ausgewählten Beispiel auch in sehr realistischer Weise rekonstruieren. Wir finden ähnliche Umweltverhältnisse an anderen Fundstellen wieder, so ältere Plätze bei Prezletice, Vertesszölös und Miesenheim, jüngere mittelpleistozäne Fundstellen bei Schöningen, Cannstatt, Kärlich, noch später sind Ehringsdorf und Neumark-Nord. Es ist auffällig, daß die Umweltverhältnisse dieser Fundstellen durchweg durch die optimalen Klimaverhältnisse der jeweiligen Warmzeiten und die voll ausgebildeten Verhältnisse thermophiler Laubmischwälder geprägt sind, aber in jedem Falle keine geschlossenen Wälder, sondern großflächige, lichte parkartige Wälder und offene Gebüsch- und Wiesenlandschaften bestanden. Das ist mit Sicherheit ein ökonomisch-ökologischer Aspekt, der mit dem Auftreten der individuenreichen Pflanzenfresserherden zusammenhängt und den Menschen zwang, diese wildreichen, z.T. offenen Landschaftsteile in den warmzeitlichen Waldlandschaften aufzusuchen. Es ist auch anzunehmen, daß bei dem enormen Futterbedarf ein großer Anteil an der Öffnung der Waldlandschaft diesen großen Säugern anzulasten ist. Ursprüngliche, durch lokale Klimabedingungen nur unvollständig bewaldete Landschaften waren ihr Lebensraum. Die Vermehrung ihrer Populationen hatte dann ein zusätzliches Zurückdrängen und die Auflockerung geschlossener Wälder zur Folge.

Wie schon gezeigt wurde, lagen die genannten Fundstellen in der Regel am Wasser. Uferrandsiedlungen oder der Aufenthalt auf Schwemmkegeln an der Mündung von Fließgewässern in größere Altwässer oder Seen sind die typischen Standorte. Wasser war für den Menschen lebensnotwendig wie auch für das Wild. Dieses stellte sich in den Niederungen zur Tränke ein und suchte dort die Suhlen oder Einstände zur Ruhe und zum Werfen der Jungen im Schutze des Ufergehölzes, des Rieds und der Sümpfe auf. Ihm folgten die Beutegreifer und Aasfresser, aber auch der Mensch. So fanden sich hier verschiedene Bedingungen, die den Aufenthalt des frühen Menschen an den genannten Stellen in Wassernähe erklären. Wir stellen diese Gewohnheiten des frühen Menschen auch weiter im Süden unter den Klimabedingungen des Mittelmeergebietes fest, wo vor allem auch während der Kaltzeiten noch ein Aufenthalt zumindest unter annäherungsweise gleichen Bedingungen möglich war wie im nördlicher gelegenen gemäßigten Klimagebiet, das zu Tundren und Steppen verändert wurde. Auch im Süden fällt die enge Beziehung des frühen Menschen zu wildreichen, teils offenen, teils locker oder nur teilweise bewaldeten Landschaften und sein hauptsächlicher Aufenthalt in den Niederungen am Wasser auf. Seltener wurden Felsdächer und Höhlenvorplätze hoch über diesen Talbiotopen aufgesucht, wie z. B. die Aragohöhle bei Tautavel in den Vorgebirgen der Pyrenäen. In den kalten Klimaphasen verschwanden in diesen Landschaften die mediterranen Wälder, und es dehnten sich wildreiche Waldsteppen mit Eichen-Kiefernwäldern und Gebüschformationen aus. Als die Menschen aus den nördlichen Gebieten abwanderten, fanden sie hier bekannte Umwelt- und Lebensverhältnisse zum Überdauern der Klimaschwankung. Es war kein weiteres Ausweichen in noch wärmere Refugien notwendig. So finden wir auch während dieser Zeit den frühen Menschen und seine Kultur an Lager-, Rast- und Jagdplätzen im südlichen Europa, so bei Torralba, Ambrona und Aridos im Herzen Spaniens, bei Tautavel in den Ostpyrenäen oder bei Vertesszölös im Übergangsbereich von den Mittelgebirgen zur transdanubischen Zone.

Wenn wir die Jagdbeutereste der genannten warmzeitlichen Fundstellen untersuchen, läßt sich feststellen, daß zwar vorwiegend Herdentiere gejagt wurden, aber unter diesen kaum eine Art besonders auffallend bevorzugt wurde. Die Bevorzugung einer oder nur von zwei oder drei Arten in Form einer gezielten Jagd ist erst für Jäger typisch, die sich an die Steppen und Waldsteppen der kälteren Klimate während der Übergangszeiten von den Warm- zu den Kaltzeiten angepaßt haben. Insofern wird die neue Fundstelle Schöningen II/4 sehr interessant, da sie als einer der wenigen uns bisher bekannten Hinweise zu gelten hat, die das Wagnis der frühen Menschen dokumentieren, als Jäger vor 300 000 bis 400 000 Jahren in die unter kühl-kontinentalen Klimaverhältnis-

39 Blick in einen steppenheideartigen, lichten Laubmischwald als Beispiel für entsprechende Vegetationsformen aus der Zeit des Homo erectus von Bilzingsleben (Muschelkalklandschaft bei Jena).

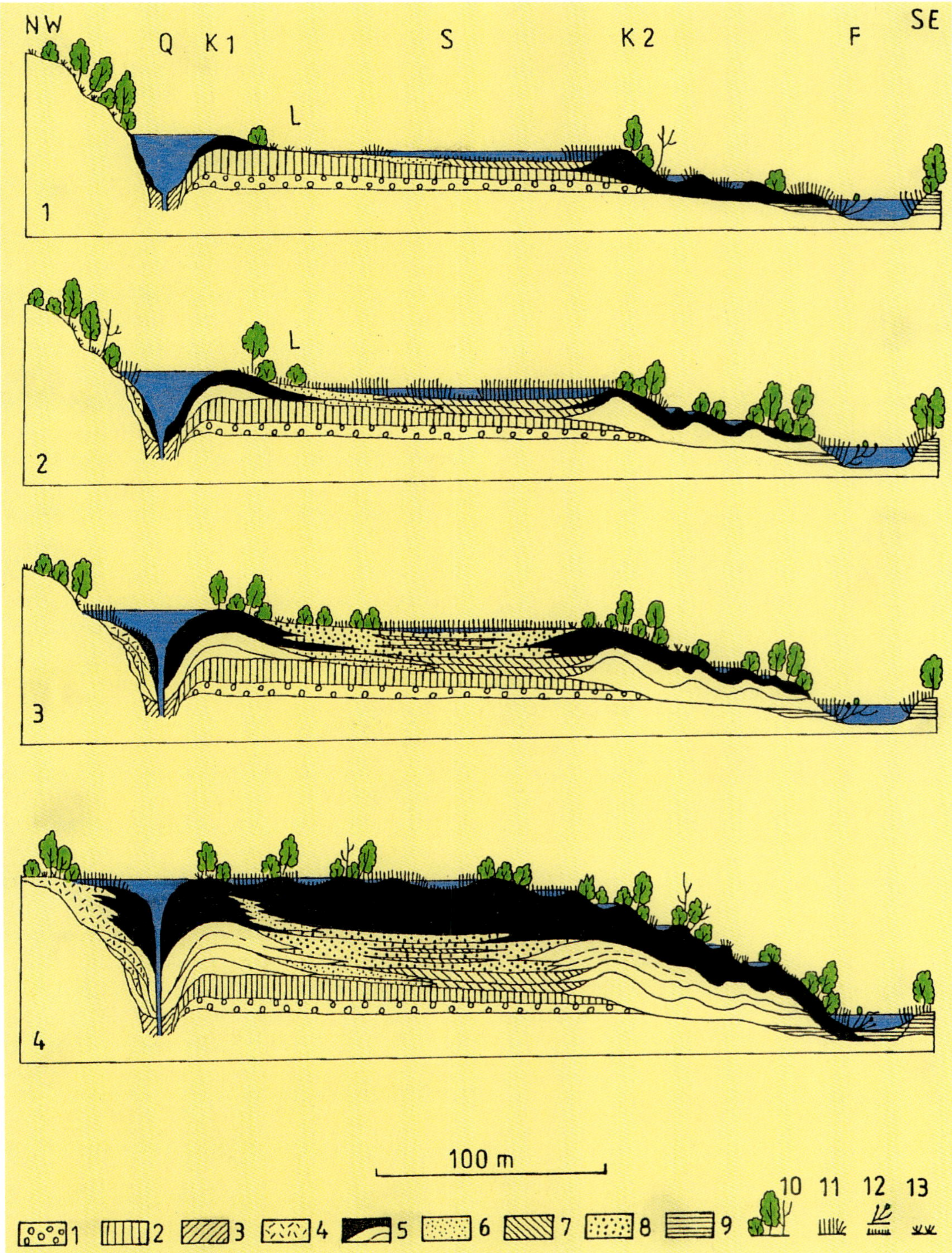

40 Entwicklung und Aufbau der Travertinlagerstätte, dargestellt am Längsschnitt von Nordwesten nach Südosten, Phase 1 bis 4. – 1 Flußschotter, 2 Löß, 3 verstürztes Gestein im Erdfall der aufsteigenden Karstquelle, 4 Hangschutt, 5 fester Travertin der Kaskaden, 6 Travertinsand, 7 Seekalk, 8 lockerer Strukturtravertin, 9 Schlick, Auelehm, 10 Gehölz (Erlen, Eichen, Ahorn, Weiden), 11 Röhricht (Schilfrohr, Rohrkolben), 12 Schwimmblattgewächse, Charophytenrasen, 13 Riedgras, Gras- und Krautvegetation.

sen stehenden Waldsteppen und Wiesensteppen Mitteleuropas zu gehen.

Für den Menschen von Bilzingsleben kann versucht werden, über seinen Standort und dessen nächste Umgebung hinaus die Naturlandschaft als Lebensraum zu rekonstruieren. Beobachtungen am Befund haben ergeben, daß der Lagerplatz von Bilzingsleben längere Zeit ohne Unterbrechung genutzt wurde. Damit erhält er den Charakter eines Basislagers in einem größeren Gebiet, dessen äußere Grenzen mindestens in der Entfernung lagen, die an einem Tage hin und zurück bewältigt werden konnte. Das sind etwa 10 bis 15 km. Somit hatte dieses sogenannte »Schweifgebiet« einen Durchmesser von etwa 20 bis 30 km und eine Fläche von etwa 400 bis 500 km². Dieses Gebiet erstreckte sich in einer Höhe von 145 bis 350 m über Normalnull. Sein nördlicher Teil bestand aus

41 Der Lagerplatz von Bilzingsleben und seine natürliche Umgebung. 1 Gewässer (Fluß, Altwässer, See), 2 versumpfte Auen, 3 Vegetation in den Tallagen, 4 artenreiche Auwälder, Bruchwälder (Erlenbrüche), 5 lichte Eichen-Buchsbaumwälder und Eichenmischwälder, 6 Strauchfluren, 7 offene Wiesen, 8 Travertinkaskaden, 9 Felsbänder, 10 Wasserrisse, 11 Röhricht, Ried, 12 Weidengebüsch, Grauweidendickichte, 13 Erlen, 14 Auwälder, Edellaubholz-Mischwälder (Fraxinetalia), 15 Buchsbaum-Eichentrockenwälder, 16 artenreiche Eichenmischwälder, mit Eibe, 17 Gebüschgesellschaften (Buchsbaum-Fliedergebüsche, Feuerdorn-, Kornelkirschen-, Haselgebüsche, Strauchfingerkraut, Sauerdornverband, Wacholder-Felsmispelgesellschaften).

dem Bergland des Hainleiterückens und der nördlich anschließenden Windleite. Im südlichen Teil schloß sich die flachwellige Hügellandschaft des Thüringer Beckens an. Beide Landschaftsteile wurden von den Auen der Flußtäler von Helbe, Unstrut, Wipper und ihren Nebengerinnen durchzogen. Diese waren wie heute im Süden des Gebietes breit, versumpft und mit ausgedehnten Riedflächen bedeckt. Im Norden waren sie tief in die Muschelkalk- und Buntsandsteinlandschaft eingeschnitten mit steilen, teilweise felsigen Hängen und im Hainleitebereich sogar schichtstufenartig ausgebildet. Der nördliche Teil des Schweifgebietes bestand aus dem ebenfalls breiten versumpften Salzspiegeltal von Bad Frankenhausen und grenzte an die Aufragung des paläozoischen Grundgebirges im Kyffhäusergebirge. Gewiß entsprangen damals wie heute am Fuße dieses Gebirges verschiedene Solquellen, die für die großen Pflanzenfresser wie für den Menschen gleichermaßen von Interesse waren. Die Bergländer waren mit Ausnahme ihrer nach Süden gelegenen Hänge dicht bewaldet; in ihren Schluchten wuchsen dichte, artenreiche Schluchtwälder. In den südlichen Landschaften und an den Südhängen der Berge dehnten sich die Eichen-Buchsbaumwälder, Buchsbaum-Fliedergebüsche und die Strauchgesellschaften des Berberidions aus. Stellenweise waren die Südhänge verkarstet und mit Schuttfluren, Trockenrasen, Hügelsteppen und Steppenheiden bedeckt. Die Eichen-Buchsbaumwälder waren mit wiesensteppenartigen Landschaften durchzogen, besonders auf den großen Plateaus, die sich von der Hainleite in die Beckenlandschaft hinein ausbreiteten und dort die Tafelberge des mittleren Keupers bedeckten. Das Gebiet war ausreichend groß und genügend gegliedert, um es mit Hilfe einer geschickt und effektiv gemeinschaftlich durchgeführten Jagd sowie mittels einfacher Sammeltätigkeit zu bewirtschaften.

Es ist anzunehmen, daß Teile der Gruppe saisonal und traditionell bedingt sowie auch aus rein wirtschaftlichen Gründen längere Zeit vom »Stammlager« abwesend waren und dann außerhalb des »Stammgebietes« verschiedene Saisonlager, deren Stellen bekannt waren, bezogen. Sie befanden sich im mittleren Elbe-Saalegebiet. Die äußeren Grenzen dieses »Distriktes« der Gruppe mögen geographischer Natur gewesen sein: Sie wurden vom Mittelgebirgsrahmen dieses Gebietes gebildet, mit Thüringer Wald, Hainich und Harz im Süden, Westen und Norden, mit dem Schiefergebirge, den ostsaalischen Randplatten im Südosten und Osten und mit dem dicht bewaldeten großen Niederungsgebiet der unteren Saale, Mulde und Elbe im Nordosten, wobei damals die Saale von Halle aus weit nach Norden über Magdeburg floß, um erst im Raume westlich Berlins die Elbe aufzunehmen. Durch das Magdeburger Saaletal fließt seit der Saalevereisung die Elbe. Dieser Distrikt war etwa 10 000 km^2 groß. In ihm wurden besonders jene Gebiete aufgesucht, die durch geographische Situation, lokales Klima, Vegetation und Wildbestand ähnlich oder gleich beschaffen waren wie bei Bilzingsleben. Das waren die das Thüringer Becken umgebenden Hügel- und Bergländer zwischen 100 und 400 m Höhe, die sich weiter durch das südöstliche, östliche und nördliche Harzvorland erstreckten und vorzugsweise mit lichten Eichen-Hainbuchenwäldern bedeckt waren. Dazu kamen noch die Sonderformen des Eichen-Buchsbaumwaldes und die Sträucher des Sauerdornverbandes mit Buchsbaum, Flieder, Feuerdorn und zahlreichen anderen Arten; dazwischen lagen auch offene Landschaften. Wir finden dann diese Verhältnisse in den Seeablagerungen des optimal entwickelten Interglazials von

Schöningen wieder: Hier, in der Umgebung des Elm bestanden zur gleichen Zeit wie bei Bilzingsleben aufgelockerte Eichen-Hainbuchenwälder mit ähnlichen Baum- und Straucharten. Sie breiteten sich durch die Berg- und Hügelländer der subherzynen Landschaft weit nach Südosten aus, indem sie in die von Bilzingsleben aus rekonstruierbaren Pflanzenformationen im östlichen Harzvorland übergingen. Zwischendurch gab es ausgedehnte sumpfige Niederungen, wie das Oscherslebener Bruch südlich von Schöningen, mit Riedflächen, Weidendickichten und artenreichen Sumpf- und Auenwäldern – wie zur gleichen Zeit im nördlichen Thüringen. Zwischen Bilzingsleben und Schöningen ragt das Harzgebirge auf, das bis in seine höchsten Lagen auf dem Brockenmassiv bei 1042 m Höhe mit thermophilen Bergmischwäldern bedeckt war, in denen Eiche und Hasel und andere anspruchsvolle Gehölzarten mehrere hundert Meter über ihre heutige Höhengrenze hinaus vorkamen. Auch Fichten und Tannen waren hier häufiger als in den niederen Lagen. Solche Bergmischwälder gab es auch in den übrigen Mittelgebirgen der Außenbezirke unseres Distrikts. Heute zählen die Landschaften in Thüringen, rings um den Harz, an unterer Saale bis hin zur mittleren Elbe, die von uns als die bevorzugten Aufenthalts- und Wandergebiete des Homo erectus herausgestellt wurden, zum Mitteldeutschen Trockengebiet, dessen Klimaverhältnisse durch ihre Lage im Regenschatten der Mittelgebirge bestimmt werden. Bei ähnlichen bis gleichartigen geographischen Bedingungen und Witterungsverhältnissen hat sich diese Besonderheit des mittleren Elbe-Saalegebietes sicher auch damals auf das Lokalklima niedergeschlagen und die Öffnung der Waldlandschaften zugunsten der Pflanzenfresser und des sie verfolgenden Jägers mitbewirkt.

Da wir nun den Lebensraum des »Bilzingslebeners« kennen, wenden wir uns ihm selbst und seiner Kultur zu.

Der Mensch von Bilzingsleben

Menschliche Reste, die älter sind als der Neandertaler, der in der Zeit zwischen 100 000 bis 35 000 Jahren vor heute in Europa lebte, sind selten. So waren die Funde von Bilzingsleben eine Überraschung. Seit 1972 konnten 23 Schädelfragmente, dazu einige Zähne, geborgen werden. Sie gehören zu zwei, möglicherweise auch zu drei Individuen. Zu einem Individuum sind mindestens zwei Fragmente des Hinterhauptbeins (Os occipitale), drei Fragmente des Stirnbeins (Os frontale) und ein Oberkiefermolar zu rechnen. Sie lagen alle in den mit Travertinsanden gefüllten Bachrinnen des Schwemmfächers und bilden somit auch eine Fundgruppe. Von einem zweiten Schädel stammen ein linkes Fragment vom Hinterhaupt, drei Fragmente vom linken und neun Fragmente vom rechten Scheitelbein (Os parietale), ein rechtes Schläfenbein (Os temporale) und zwei größere Stirnbeinfragmente sowie ein kleineres von der Stirnschuppe. Diese Stücke befanden sich im südlichen Teil des Lagerplatzes und bilden eine weitere Fundgruppe. Ein vereinzeltes rechtsseitiges Stirnbeinstück wurde weitab von den beiden Fundgruppen südwestlich des Lagers gefunden. Es stammt vermutlich von einem dritten Individuum. Mehrere vereinzelte Zähne wurden auf der Lagerplatzfläche zwischen den beiden Fundgruppen geborgen. Darunter befand sich auch ein Milchmolar, den ein Jugendlicher verlor. Dieser stammt vermutlich von einem vierten Individuum, wenn ihn nicht eines jener erwachsenen Individuen verlor, deren Schädelreste die beiden Fundgruppen bilden.

Die meisten Schädelfragmente lassen sich an ihren Bruchflächen oder Nähten wieder zusammenfügen. Damit ist die Möglichkeit gegeben, die Schädelform zu rekonstruieren. Da die Fragmente der ersten Fundgruppe eine große metrische und morphologische Übereinstimmung mit dem Schädel des Homo erectus aus der Olduvai-

42 Homo erectus von Bilzingsleben, Individuum 1. Hinterhauptsbein von außen (oberes Bild) und innen (unteres Bild). Deutlich ist der Torus occipitalis, der Hinterhauptswulst, zu sehen.

schlucht zeigen (Olduvai Hominid 9), verwendete Emanuel Vlček, der die menschlichen Überreste aus Bilzingsleben untersucht, den Abguß dieses Schädelfundes für die Rekonstruktion des ersten Individuums von Bilzingsleben. Vom zweiten Individuum liegen bereits so viele Fragmente vor, daß eine Rekonstruktion des Schädels allein aufgrund dieser Überreste möglich ist. Beide Individuen sind einander sehr ähnlich. Wichtig ist, daß jeweils von diesen Schädeln einige sehr charakteristische Stücke vorliegen, wie die Hinterhauptsknochen, Partien des mittleren Stirnbeins und der Überaugenregion, das rechte Schläfenbein und Teile aus dem hinteren unteren Bereich der beiden Scheitelbeine. Nach diesen Partien hatte der Bilzingslebener einen mächtigen, über der Nasenwurzel nicht unterbrochenen Überaugenwulst (Torus supraorbitalis). Die Stirn stieg nur flach an, der Schädel war niedrig und lang nach hinten gestreckt und hinter der Augenpartie stark eingeschnürt. Am Hinterhaupt war der Schädel abgeknickt und bildete in der Seitenansicht einen Winkel von 108 Grad. An dieser Stelle war ein kräftiger Querwulst, der Torus occipitalis, ausgebildet, an dem die mächtige Nackenmuskulatur ansetzte. An beiden Seiten des Schädels verliefen je zwei ausgeprägte Leisten, die Lineae temporales, die wiederum eine stark ausgebildete Kaumuskulatur bezeugen. Alle diese Merkmale sind typisch für den Homo erectus. Es lassen sich ein Hirnvolumen von über 1100 cm^3 ermitteln und außerdem einige Strukturen auf der Innenfläche

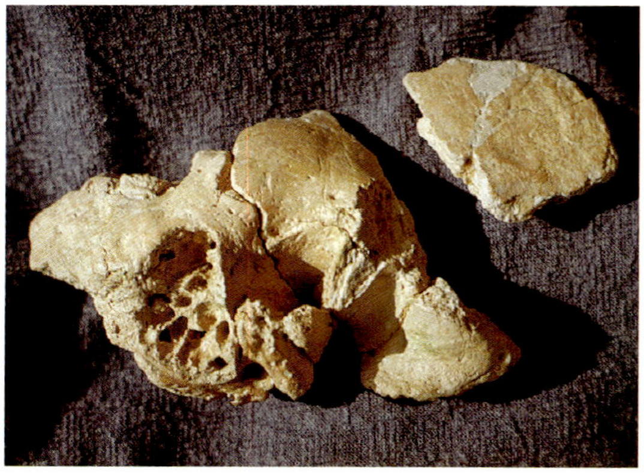

43 (links oben) Homo erectus von Bilzingsleben, Individuum 1. Mittleres Stirnbeinfragment von vorn.

44 (links Mitte und unten) Homo erectus von Bilzingsleben, Individuum 2. Linksseitiges Fragment vom Hinterhauptsbein, von außen und innen.

45 (rechts oben) Homo erectus von Bilzingsleben, Individuum 2. Rechtsseitiges Fragment vom Stirnbein, von außen.

46 (rechts Mitte) Homo erectus von Bilzingsleben, Individuum 2. Linksseitiges Scheitelbein, von außen.

47 (rechts unten) Homo erectus von Bilzingsleben, Individuum 2. Das Stirnbeinfragment war an einem Travertinblock angesintert und wurde freipräpariert.

der Schädelknochen erkennen, die zeigen, daß dieser stammesgeschichtlich späte Vertreter des Homo erectus eine weit entwickelte Form darstellt. So sind z. B. das Zentrum der optischen Wahrnehmung, kenntlich am ausgezogenen Hinterhauptspol der rechten Großhirnhemisphäre, sowie das Sprachzentrum besonders weit entwikkelt. Trotzdem weist dieser späte Homo erectus eine große morphologische Ähnlichkeit bis Übereinstimmung mit den besonders robust und morphologisch stark reliefierten Schädeln dieser Form des fossilen Menschen auf. Die große Ähnlichkeit zum Olduvai Hominid 9 wurde schon erwähnt. Sehr große Übereinstimmung besteht auch zu den gleichaltrigen Funden des Homo erectus erectus von der Insel Java (Schädel Sangiran 18) und des Homo erectus pekinensis von Choukoutien südwestlich von Peking (Sinanthropus III). Auch sie sind robust, auch ihre erectoiden Merkmale sind sehr auffällig ausgeprägt. Emanuel Vlček folgert aus diesen Vergleichen die besondere Stellung der Funde von Bilzingsleben. Sie verkörpern den charakteristischen Vertreter des Homo erectus in Europa. Emanuel Vlček gab ihm darum den Namen »Homo erectus bilzingslebenensis«.

Der Unterkiefer von Mauer muß auch dem Homo erectus zugewiesen werden, doch kann ein Unterkiefer allein nicht den allgemeingültigen Typus darstellen. Zum »europäischen« Homo erectus sind außerdem folgende Funde zu zählen: Die Zähne aus dem Fundhorizont von Vertesszölös (Vertesszölös I, 450 000 bis 500 000 Jahre alt), das Hinterhauptsbein aus den Deckschichten der gleichen Fundstelle (Vertesszölös II, 350 000 Jahe alt), die Funde von Tautavel, so ein Gesichtsschädel, zwei Unterkiefer, ein Scheitelbein, zahlreiche Zähne und ein Becken und schließlich die Schädel- und Kieferreste aus dem älteren Fundhorizont von Atapuerca (Gran Dolina). Wie in den verschiedenen Fundlandschaften Afrikas und Ostasiens wurde auch in Europa vor ca. 300 000 Jahren der Homo erectus durch die noch weiter entwickelte Form des sogenannten frühen oder archaischen Homo sapiens abgelöst. Er wird ausdrucksvoll durch die Funde von Steinheim und Swanscombe, die Schädel von Atapuerca-Galeria und die etwas jüngeren Funde von Ehringsdorf und Biache vertreten. Aus dem Travertin von Ehringsdorf sind es Reste von mehreren Individuen, darunter ein Schädel, zwei Unterkiefer und der Torso eines Kindes. Jetzt tritt eine völlig anders gestaltete Schädelmorphologie auf: Statt des kräftigen Überaugenwulstes kommen selbständige Überaugenbögen vor, die über der Nasenwurzel voneinander getrennt sind, das Hinterhaupt ist

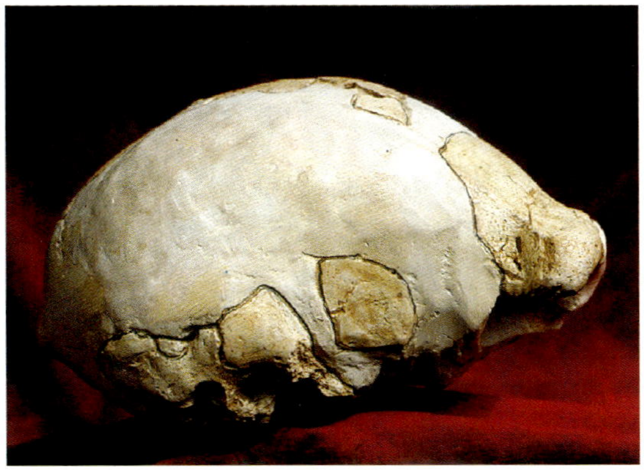

48 Homo erectus: Schädelrekonstruktion des Individuums 2 von Bilzingsleben nach Emanuel Vlček, Prag. Ansicht von rechts.

nicht mehr abgewinkelt, sondern abgerundet, also »curvooccipital« und hat seinen Torus verloren. Insgesamt ist der Hirnschädel höher und kugelförmig. Diese Veränderungen gehen vor allem auf die weitere Entwicklung des Gehirns und eine Ausbalancierung des Schädels über der Wirbelsäule zurück. Aus diesem Grunde wurde auch die Nackenmuskulatur reduziert, die beim Homo erectus den noch nach vorn geneigten Schädel halten mußte.

Beide Formengruppen sind mit charakteristischen kulturellen Formenkreisen verbunden. Für den Homo erectus zeichnet sich ein solcher mit den kulturellen Inventaren der Fundstellen Bilzingsleben, Schöningen, Vertesszölös, Tautavel und Isernia la Pineta ab. Der frühe Homo sapiens ist mit kulturellen Erscheinungen des entwickelten und jüngeren Acheuléen verbunden, wie das Swanscombe, Biache, die Lazarethöhle bei Nizza und Ehringsdorf zeigen.

Ob auch in Europa eine eigenständige Entwicklung des frühen Homo sapiens aus den entwickelten robusten Formen des Homo erectus stattgefunden hat, wie beispielsweise in Afrika, kann nicht bewiesen werden. Die neue Datierung von Bilzingsleben in eine ältere Warmzeit schafft einen größeren zeitlichen Abstand von etwa 80 000 bis 100 000 Jahren zu den Funden des frühen Homo sapiens. So ist auch mehr Spielraum für die Annahme einer eigenständigen Entwicklung gegeben. Doch sollte man nicht die ständige Verbindung der eurasischen Halbinsel Europa mit dem Vorderen Orient, der Levante, übersehen. Das war der Weg der frühen Hominiden aus Afrika in die anderen Kontinente der Alten Welt, und diese Verbindungen rissen sicherlich niemals ab. Die weitere Entwicklung des Menschen und seiner Kultur in Europa kann also immer wieder durch Impulse aus Afrika über diesen Weg beeinflußt worden sein. Neue Forschungsergebnisse aus der Levante, die besonders kulturelle Überreste aus der Zeit zwischen 500 000 und 250 000 Jahren vor

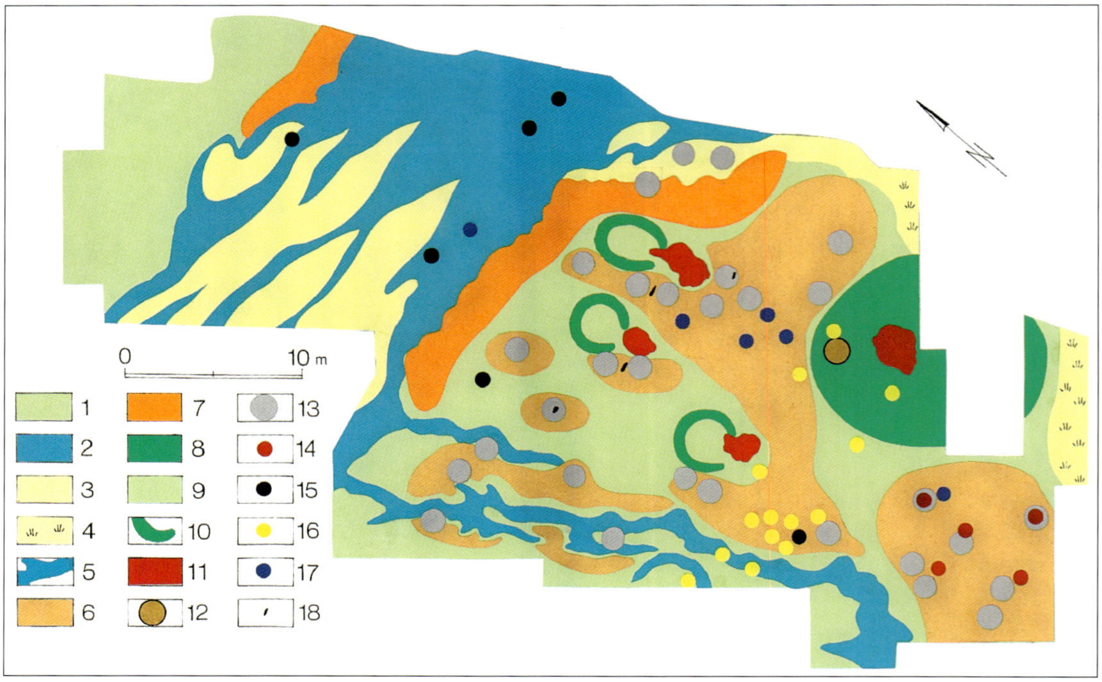

49 Der Lagerplatz von Bilzingsleben. 1 Uferterrasse (Löß), 2 Seebecken, 3 Schwemmfächer aus Travertinsand, sandiges Ufer, 4 Schilfrohrgürtel, 5 Bachrinnen, 6 Werkplatzbereiche, 7 Aktivitätszone am Seeufer, 8 gepflasterter Platz, 9 noch nicht differenzierte Fundgemeinschaften im Lager, 10 Grundrißstrukturen einfacher Wohnbauten, 11 Feuerstellen, 12 besonderer Bereich mit Amboß auf dem Pflaster, 13 Werkplätze mit Arbeitsunterlagen im Zentrum, 14 Travertinblöcke mit Hitzeeinwirkungen, 15 menschliche Schädelreste (Individuum 1), 16 Individuum 2, 17 menschliche Zähne, 18 gravierte Knochenartefakte.

heute betreffen, deuten auf diese Verbindung hin. Hier soll nur auf die große Ähnlichkeit der Steingeräteinventare von Bilzingsleben-Vertesszölös-Isernia mit jenen von Evron und Ruhama in Israel hingewiesen werden.

Lagerplatz und Wohnbauten

Der Lagerplatz am Rande des Travertinbekkens von Bilzingsleben geht also auf eine Gruppe des »entwickelten Homo erectus« zurück. Dieser Platz ist zur Zeit der aussagefähigste hinsichtlich der kulturellen, sozialen und ökonomischen Lebensweise des frühen Menschen. Er kann an Hand der bisher vorliegenden Forschungsergebnisse und des sachlichen Inventars stellvertretend für ähnliche Fundplätze das sozio-kulturelle Lebensbild dieses Menschen vermitteln. Dieses kann selbstverständlich durch Einzelbeobachtungen an anderen Fundstellen bestätigt oder ergänzt werden.

Bisher wurden von der Fundstelle bei Bilzingsleben etwa 1500 m² freigelegt. Das eigentliche Lager konzentrierte sich auf einen Kern von etwa 600 m² Größe. Auf dieser Fläche wurden Siedlungsstrukturen und Aktivitätsbereiche erkannt. Außerhalb dieses Kernbereiches löste sich die Streuung der Kulturreste in diffuse Bereiche auf, in denen sich gelegentlich noch einzelne Arbeitsplätze erkennen ließen. Zum See hin breitete sich der Schwemmfächer der Bacheinmündung aus, der eine große Menge von zerschlagenen Tierknochen, Artefakten und bei der Herstellung entstandenen Abfällen enthielt. So erweckte diese Zone den Eindruck einer Abfallhalde, die z. T. auf die Uferrandsiedlung, wahrscheinlich auch auf weiter landwärts, zur Quelle hin gelegene Aktivitätsbereiche zurückging und vom Bach zusammengeschwemmt wurde. Im Mündungsbereich gab es mit Sicherheit trockene Sandbänke, die ebenfalls begangen wurden und wo sich Arbeitsplätze befanden, wie das Ambosse aus großen Geröllen oder Platten, schwere Steingeräte und große Knochenreste erkennen lassen.

Freilandfundplätze unterlagen in der Regel Verwitterungs- und Abtragungsvorgängen. Details der Siedlungsspuren gingen durch Verlagerung, erosive Zerstörung und auch durch Verschleppen der Knochenreste durch Aas- und Knochenfresser verloren. In Bilzingsleben hingegen wurde die Siedlungsfläche auf der Uferterrasse nur in geringem Umfang von diesen Vorgängen betroffen und offensichtlich relativ schnell überflutet und im Seekalk eingebettet. Das war kein katastrophaler Vorgang, sondern eher eine durch kontinuierlichen Anstieg des Seespiegels hervorgerufene Vernässung, die zur Aufgabe des Platzes zwang. Er wurde um einige zehn Meter zum Talhang hin verlegt. Auf dem vollständig unter Wasser stehenden Platz führte Wellenbewegung vom Ufer her zur Aufschwemmung von Travertinsand und Kalkschlamm, aber auch zur Umlagerung von kleinen Kulturobjekten, wie Knochensplittern, kleinen Skelettelementen, Feuersteinabschlägen und kleinen Artefakten, auch Objekten aus organischem Material, die aber zum größten Teil nicht fossilisiert sind. So kann aus diesen Funden, die in den sandigen Seekalken über der alten Siedlungsoberfläche des Ufers liegen, nichts mehr über das interne Leben des Menschen an diesem Platz gefolgert werden. Aber die schweren Objekte, wie größere Artefakte und faunistische Reste, vom Menschen eingetragene Gerölle und Steinplatten, sperrige Geweihe und in die weiche Lößoberfläche der Uferterrasse eingedrückte oder eingetretene Objekte, befanden sich noch dort, wo sie der Mensch hinterlassen hat. Sie können demnach Auskunft über das Leben der Menschen an diesem Lagerplatz geben.

Im Zentrum des Lagers kamen die kreisförmigen bis ovalen Grundrisse von drei einfachen Wohnbauten zum Vorschein. Sie hatten 3 bis 4 m Durchmesser und bestanden aus diffusen, wallartigen Anhäufungen großer Steine und Knochen. Im südöstlichen Teil, an der windabgewandten Seite, waren sie unterbrochen und ließen Eingangsbereiche erkennen. Davor lagen jeweils die Feuerstellen. Sie waren an Anhäufungen von Holzkohleresten und versinterten, teilweise verkohlten Hölzern sowie an brandrissigen Steinen zu erkennen. Die Wohnbauten selbst waren wohl ähnlich zeltartigen Stangengerüsten aufgeführt, wie wir das heute noch bei einfachen Naturvölkern, wie Buschleuten und Uraustraliern, beobachten können. Die Bedeckung bestand aus organischem Material, wahrscheinlich aus Rindenstücken und Grasbüscheln, die über einem Zweiggeflecht befestigt wurden, weniger aus Tierhäuten, die unter den herrschenden, wenn auch sommertrockenen Klimaverhältnissen bald verschimmelt und in Verwesung übergegangen wären. An der Peripherie wurden Stangengerüst und Bedeckung dieser Hütten mit Steinen und Knochen beschwert und befestigt. Die Peripherie der Grundrisse wurde von großen Geräten aus Knochen, Geweih und Holz sowie einigen großen Geröllgeräten begleitet. Sie ließen erkennen, daß sich hier eine künstliche Grenze, also die Wan-

50 Grundrisse von Buschmannhütten. Kreise oder Punkte in den Grundrissen: Standspuren der Astgerüste. 1 Fruchtreste, 2 Bohnenschalen, 3 Knochensplitter. Die punktierten Linien unten zeigen verschiedene Dichtezonen von Knochenabfällen. An den Feuerstellen liegen noch die angebrannten Hölzer (nach Binford 1984). Es drängen sich Parallelen zum Befund von Bilzingsleben auf.

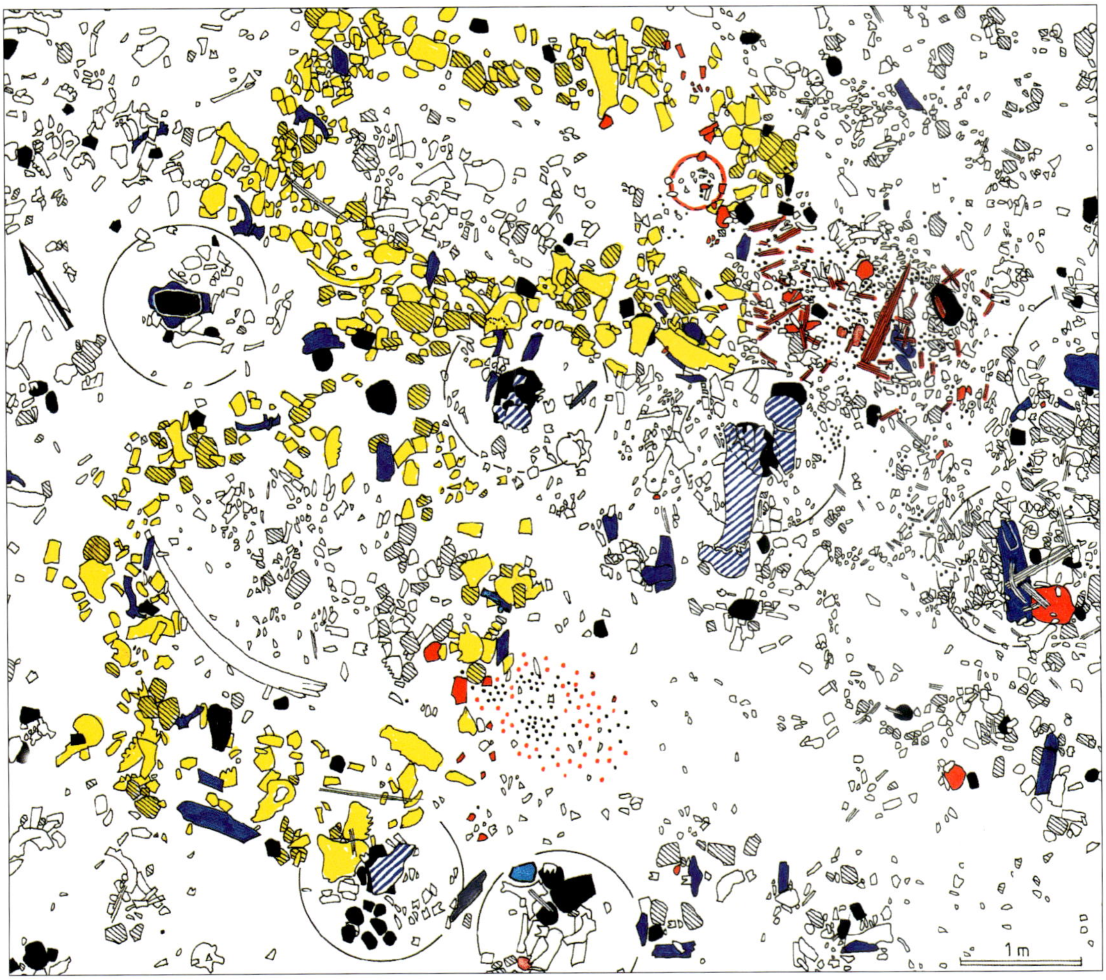

51 Wohnbauten von Bilzingsleben. Ausschnitt des Grabungsplanes. Gelb: Grundrißstrukturen. Ohne Signatur: Knochen- und Gebißreste von Säugetieren. Schraffiert: Holzreste. Rot: Holzreste der Feuerstellen, Steine mit Brandeinwirkungen. Schwarze und rote Punkte: Holzkohlereste. Roter Kreis: Grube, eventuell zur Speisenzubereitung. Blau schraffiert: große Werkstücke aus Knochen. Grau: Knochenartefakte mit Gravierungen. Große Kreise: Arbeitsplätze.

Lebensbild von Bilzingsleben.

52 Bilzingsleben. Verkohlte und versinterte Holzreste als Hinweise auf Feuerstellen.

dung dieser Wohnbauten, befand. Wahrscheinlich wurden die Geräte auch hier niedergelegt. Neben jeder Eingangszone befanden sich mindestens zwei Arbeitsplätze mit schweren Ambossen aus Steinplatten oder -quadern im Zentrum. Rings um diese war Abfall in Form von zerschlagenen Knochen und Überresten, die bei der Herstellung von Geräten aus Knochen, Geweih, Stein und Holz anfielen, angehäuft. Zusätzlich lagen hier die Werkzeuge, die an den Werkplätzen gebraucht wurden, wie große Schlagsteine mit Hiebmarken und Geröllgeräte mit zugeschlagenen Schneiden, sogenannte Hackmesser (Chopper). Neben jedem Arbeitsplatz fiel ein etwa quadratmetergroßer freier Platz auf. Das war der Bereich, auf dem sich der Benutzer des Arbeitsplatzes aufhielt.

Bei der Kartierung besonderer Gerätetypen auf der Lagerplatzfläche konnte festgestellt werden, daß Knochenschaber von 10 bis 25 cm Länge vorzugsweise in den Intimzonen vor den Wohnbauten auftreten und somit besondere Arbeitsbereiche anzeigen, die wahrscheinlich auch auf besondere Personen, z. B. die zu den Wohnbauten jeweils zugehörigen Frauen, bezogen waren. Die Feuerstellen lagen nicht in den Wohnbauten, sondern außerhalb davor. Das ist durch das sommerwarme und wintermilde Klima zu erklären.

Wohnbauten und Feuernutzung sind wesentliche kulturelle Errungenschaften zur Erschließung kühler Klimate, in diesem Falle des gemäßigten Klimagebiets. Homo erectus war also fähig, sich eine kleine künstliche Mikroumwelt zu errichten, die ihn in gewissem Maße unabhängig machte von äußeren Umwelteinflüssen. Sicher gehörte zu diesen Errungenschaften auch das Vermögen, sich einfache Kleidungsstücke herzustellen und diese zu nutzen. Wahrscheinlich sind die zahlreichen kleinen Bohrer unter den Geräten aus Feuerstein ein indirekter Beweis dafür. Wohnbauten und Feuernutzung hatten weiterhin eine große soziale Bedeutung für die Gruppe. Die Wohnbauten sind Zeuge dafür, daß sich hier kleinere Gemeinschaften aufhielten, die sich untereinander verwandtschaftlich enger verbunden fühlten als mit der übrigen Gruppe. Hier liegt offenbar ein Hinweis auf die Herausbildung der Familie als sozialer Grundstruktur der menschlichen Gesellschaft vor. Die Bindung besonderer Gerätetypen an die Intimzonen der Wohnbauten legt vor dem Hintergrund der aufkeimenden Familie und dem Feuer als Mittelpunkt der Gemeinschaft die Vermutung nahe, daß bereits in dieser Zeit eine stärkere Arbeitsteilung zwischen den Geschlechtern biologisch wie auch sozial stattgefunden hatte.

Das Vorhandensein von Siedlungsstrukturen und Aktivitätszonen im Lager von Bilzingsleben setzt einen dauernden Aufenthalt einer Gruppe von Menschen voraus, denn erst dann bilden sich Lebensgewohnheiten und Verhaltensweisen in einer solchen, durch bestimmte Beziehungen geprägten Gemeinschaft heraus und hinterlassen ihre Spuren im Boden. Wir wiesen darauf hin, daß die Abwesenheit von Hyänen ebenfalls indirekt die Dauerhaftigkeit der Besiedlung beweist. Das Lager war kein saisonal genutzter Platz. Dauerhaftigkeit bedeutet aber, daß hier eine Art Basislager bestand, das nur unter bestimmten Bedingungen von kleineren Teilgruppen zeitweise verlassen wurde. Das können wirtschaftliche, soziale und jahreszeitlich bedingte Gründe gewesen sein. Doch konnten diese Gruppen ungehindert agieren, indem Mütter und Kinder, Kranke und Alte zurückgelassen werden konnten. Die Gruppenmitglieder im Basislager waren mit anderen Arbeiten beschäftigt als die Abwesenden. Während diese nur ihren Augenblicksanforderungen genügende Arbeiten ausführten, konnten im Stammlager Aufgaben erfüllt und Tätigkeiten ausgeführt werden, die viel Aufwand und Zeit benötigten oder nur in verschiedenen Arbeitsschritten bewältigt werden konnten. Bei der Schilderung der

53 Geröll mit Spuren starker Hitzeeinwirkung. Wahrscheinlich wurde es im erhitzten Zustand zum Garen von Nahrung gebraucht.

Geräte und Techniken kommen wir darauf zurück.

Unter den Bedingungen eines dauerhaften Standlagers konnte der Nahrungserwerb in der weiteren Umgebung effektiver durchgeführt werden als mit der gesamten wandernden Gruppe. Das betraf die Jagd wie auch das Sammeln und den Erwerb von anorganischen und organischen Rohstoffen. In einer wildreichen Landschaft, wie sie für Bilzingsleben nachweisbar ist, war es nicht notwendig, ständig den Lagerplatz zu wechseln, weil das Wild bald die Jagdgründe verließ. Das Gebiet wurde geschickt und damit das bewegliche Nahrungsreservoir wirtschaftlich genutzt. Das geschah allein schon durch ständigen Wechsel des jeweils bejagten Teiles des Schweifgebietes in der weiteren Umgebung des Lagerplatzes. Auch kam der jahreszeitlich bedingte Wechsel des zu nutzenden Wildes dazu. Möglicherweise aber waren kleinere Gruppen, z. B. jüngere Mitglieder beiderlei Geschlechts, aus verschiedenen Gründen länger und weiter vom Schweifgebiet entfernt abwesend. Aus ihnen könnte sich auch eine neue Gruppe gebildet haben, die dann einen anderen Distrikt besetzte. Ein solcher kann z. B. das Nordharzvorland gewesen sein, wo wir in der gleichen Eichenmischwald-Hainbuchenphase eine Gruppe des Homo erectus antreffen.

Aktivitätszonen und Werkzeugherstellung

Eine wichtige Beobachtung ist die Gliederung des Lagerplatzes in verschiedene Aktivitätsbereiche. Es war nicht so, daß alle Arbeiten und sonstigen kulturellen Tätigkeiten wahllos an allen Stellen des Lagerplatzes ausgeführt wurden, sondern vorwiegend an besonderen Stellen, die dafür geeignet waren oder sich durch die Gewohnheiten der Gruppe allmählich herausgebildet hatten.

So ließ sich im breiten Bogen vor den Wohnbauten mit ihren intimeren Aufenthaltsplätzen eine sogenannte Werkstattzone nachweisen. Sie war 30 m lang und 5 bis 8 m breit und bestand aus ähnlichem Material wie die speziellen Arbeitsplätze neben den Wohnbauten. Auch kamen weitere solche Arbeitsplätze mit Arbeitsunterlagen in ihrem Zentrum vor. Es ließen sich Werkplätze zur Bearbeitung von Feuerstein und Herstellung von Spezialgeräten, also Schlagplätze, nachweisen. Die dabei benutzten steinernen Ambosse trugen auf ihren Oberflächen zahlreiche Schlagnarben. Sie waren von Abschlägen und Trümmerstücken aus Feuerstein umgeben, auch die Geräte selbst kamen hier vor und vor allem die kleinen handlichen Schlagsteine aus Quarzgeröllen, deren Enden durch die Benutzung Schlagnarben oder Aussplitterungen trugen. An anderen Werkplätzen wurden bevorzugt Geräte aus Knochen, Geweih oder auch Elfenbeinsplittern hergestellt. Für Knochengeräte wurden besonders die dicken Schäfte der Langknochen vom Elefanten verwendet. Diesen wurden zunächst die Gelenke abgeschlagen, dann wurden sie in Längsrichtung durch Aufsetzen von steinernen Keilen zu großen Spänen und Splittern gespalten und diese weiter zu Hiebgeräten, Meißeln, Schabern und rückenmesserartigen Geräten zugerichtet. Dabei entstanden zahlreiche Splitter und Abschläge aus Knochenkompakta, die mit weiteren Herstellungsresten, Rohstücken, zerschlagenen Gelenken und den Geräten selbst in der Umgebung dieser Arbeitsplätze Abfallhaufen bildeten.

Auf einem der Ambosse, einem 30 kg schweren Muschelkalkblock, lag noch ein 160 cm langer Humerus eines Waldelefanten, dessen proximales Gelenkende gerade abgeschlagen worden war. Das Gelenkende lag mit einigen Splittern direkt vor dem Amboß, daneben der 8 kg schwere Chopper aus einem Granitgeröll, dessen Schneide genau in das Einschlagloch im Knochenschaft eingepaßt werden konnte. Mit diesem Gerät wurde also der Knochen bearbeitet. An anderen Stellen kamen in großer Zahl Geröllgeräte vor, wie große Schlagsteine und Hackmesser oder auch die großen Knochengeräte. Sie zeigen, daß jeweils mit ihnen auch an diesen Stellen gearbeitet wurde.

An einem Werkplatz mit einem 80 cm langen Travertinblock als Arbeitsunterlage wurden besonders Hirschgeweihe bearbeitet. Das zeigten zahlreiche Schaft-, Sproß- und Kronenfragmente sowie aus den Stangen hergestellte Hiebgeräte, die dicht um den Amboß verteilt waren. Doch sonst waren Geweihgeräte im Werkstattbereich selten. Auch bei den Wohnbauten kamen sie lediglich mit zwei bis drei Exemplaren an der Peripherie dieser Objekte vor und erweckten den Eindruck, hier niedergelegt worden zu sein.

Aber besonders häufig waren sie auf einem 2 bis 3 m breiten Streifen, der die Uferlinie begleitete. Hier lagen mitunter bis zu zehn derartige keulen- und hackenartige Hiebgeräte auf einer Fläche von etwa 4 m^2. Dieser Streifen am Ufer stellt eine weitere Aktivitätszone dar, die offenbar an das Wasser gebunden war. Auffällig waren außerdem mehrere sehr große, 50 bis 80 cm lange schaberartige Geräte aus Spaltstücken von Langknochenschäften des Elefanten, die sonst nur selten auftraten, ferner einige kleinere, rückenmesserartig zugerichtete Knochenschaber, zahlreiche große Geröllgeräte und Steinplatten. Einige Ambos-

54 Beispiele für die Verbreitung verschiedener Artefakttypen auf dem Lagerplatz von Bilzingsleben. – Oben: Beziehung zwischen Arbeitsplätzen (1) und Knochenabschlägen (3). 2 besonderer Platz mit Amboß auf dem Pflaster, 4 Grundrisse der Wohnbauten, 5 Pflasteranlage, 6 Spalten und Verwerfungen, 7 Uferböschung. – Unten: Verbreitung der Geweihartefakte (1 Hiebgeräte) und Schaber aus Knochen (2). 3 sehr große schaberartige Geräte aus Knochen (50 bis 80 cm lang).

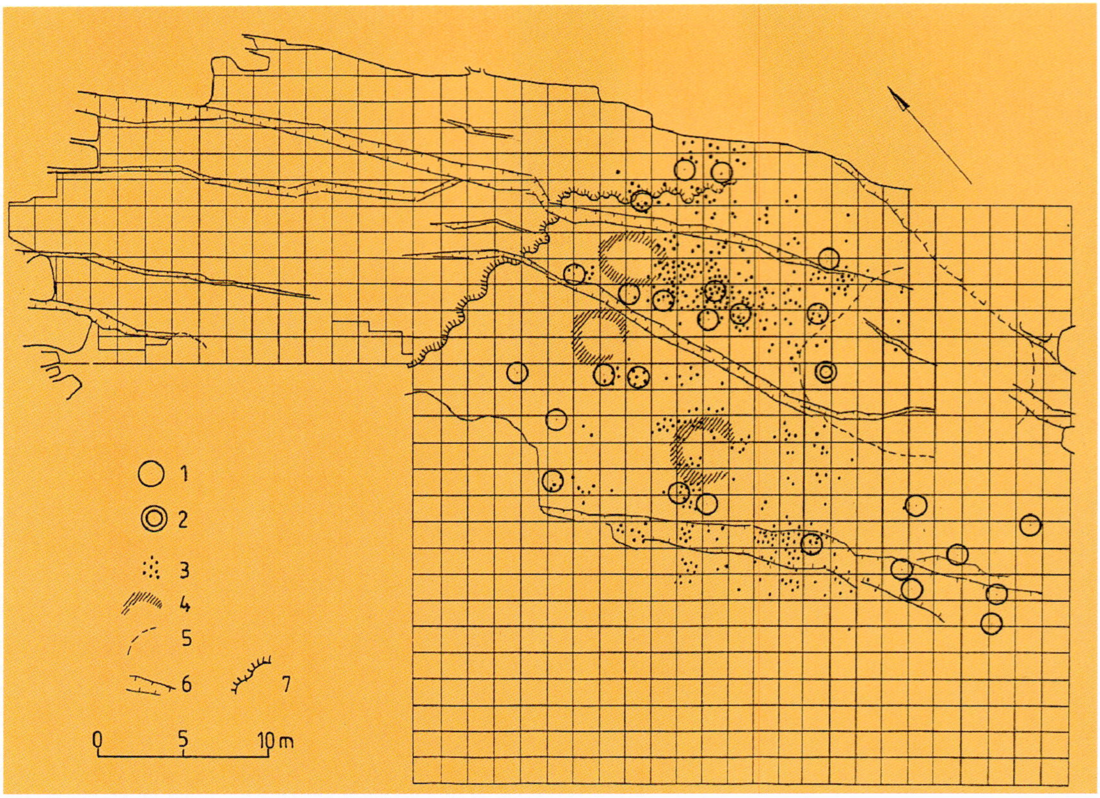

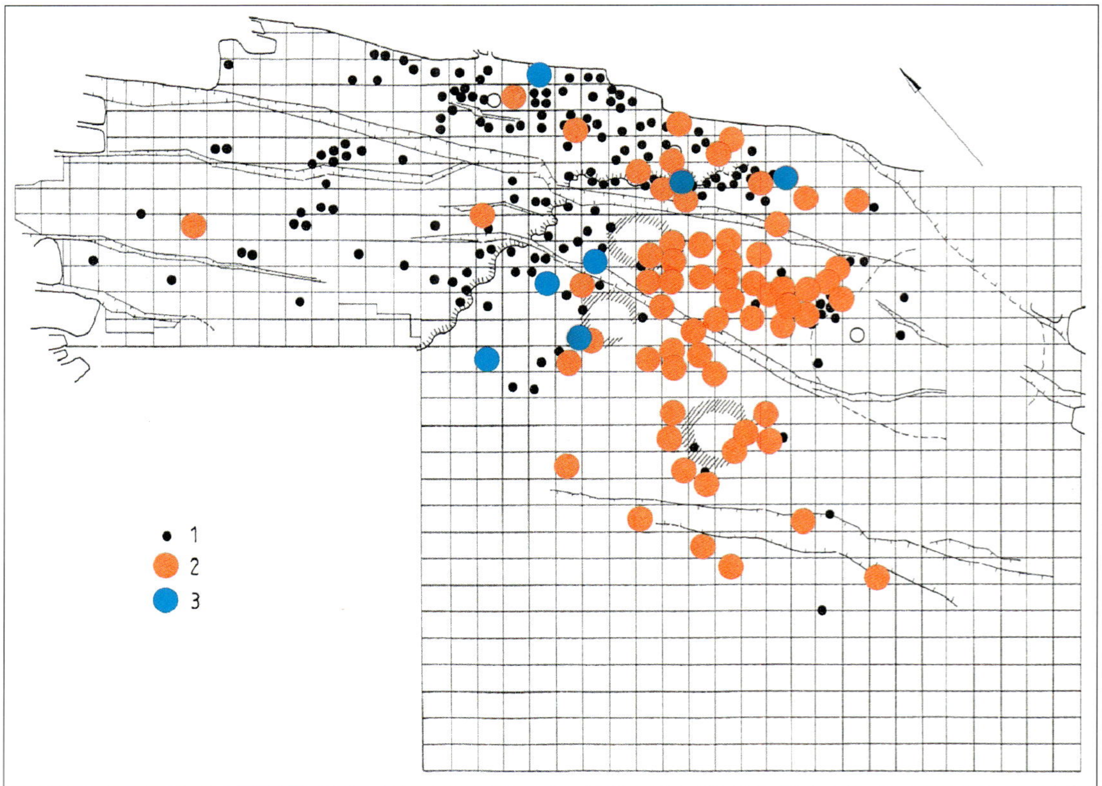

se verweisen wieder auf spezielle Arbeitsplätze wie im Werkstattbereich. In der narbigen Oberfläche eines solchen Ambosses aus einem großen Quarzitgeröll steckten zahlreiche zermalmte Knochenpartikelchen, die zeigen, daß auf diesen Unterlagen wirklich auch Knochen zerschlagen oder auch gezielt bearbeitet wurden. Übrigens konnte diese Erscheinung auch an anderen Arbeitsunter-

56 Knochenpartikelchen sind in die zernarbte Oberfläche eines Ambosses aus Quarzit eingepreßt. Sie beweisen, daß Knochen auf ihm zertrümmert wurden.

57 Ein Chopper (hackmesserartiges Hiebgerät) aus einem Quarzitgeröll im Fundverband.

lagen, deren Oberflächen narbig oder zerklüftet gestaltet waren, beobachtet werden. Selbst in den Ritzen und Fugen der Schneiden von Hackmessern aus Quarzit, Porphyr, Muschelkalk und Travertin sind kleine Knochenpartikelchen eingepreßt, was den Gebrauch dieser Werkzeuge beweist. Am Ufer fielen zahlreiche dicht gelagerte, große Skeletteile oder große Fragmente von solchen besonders auf. Sie stammen von Nashörnern, Elefanten und Wildrindern. Es sind große Beckenteile, Schulterblätter, Langknochen, Unterkiefer und Wirbel, besonders Halswirbel, die in einigen Fällen einzelnen Individuen zugewiesen werden können und teilweise noch im Skelettverband oder zumindest auf eng begrenzten Stellen angetroffen wurden, wie bei einem alten Elefanten und einem Bison. An den Knochen, vor allem den Langknochen, treten Schnittspuren und Einschläge von Hackmessern auf. Es liegt nahe, aus diesen Erscheinungen auf das Zerlegen von Tierkörpern zu schließen, eine Arbeit, die auch hier am Ufer ausgeführt wurde.

Etwa 10 m südlich von den Wohnbauten entfernt, ging der Werkstattbereich in einen eigentümlichen Arbeitsplatz über. Er hatte eine Größe von etwa 9 mal 9 m. Hier war die Lößoberfläche des Ufers mit zahlreichen ortsfremden Travertingeröllen und -platten in lockerer, manchmal pflasterartiger Streuung bedeckt. Auf ihr befanden sich in Abständen von etwa 2 bis 3 m sechs große Travertinblöcke mit etwa 30 bis 80 kg Gewicht, die wie die kleinen Travertingerölle hierher gebracht worden sind. Sie stammen von einem älteren Travertinvorkommen, dessen verwitterte Reste damals wie heute in 250 m Entfernung aus dem Talhang klippenartig herausragten. Die großen Blöcke haben im Gegensatz zu den Ambossen im Werkstattbereich mit ihren zernarbten und zersplitterten Arbeitsflächen verrundete und geglättete Oberflächenpartien. Mitunter sind exponierte Kanten und Flächen regelrecht poliert. Knochenabfälle und Feuersteinartefakte sind hier weniger häufig als auf der übrigen Lagerplatzfläche. Auch Geräte sind nicht häufig. Es kommen einige größere Schaber aus Knochen, größere Schlagsteine, einige Chopper und drei Hiebgeräte aus Geweih vor. Zahlreiche handliche ovaloide oder kugelige Travertingerölle haben ausgesplitterte Peripherien und in diese eingequetschte kleine Knochenfragmente. Sie lassen somit auf ihre Verwendung als Schlagsteine schließen. Doch wurden die Travertinblöcke nicht nur als Unterlagen zum Zertrümmern und Hacken benutzt. Überraschend kamen dicht neben ihnen andere, ebenfalls sehr große Travertinblöcke vor, die durch intensive Hitzeeinwirkung scherbig zerfallen sind. Jede Arbeitsstelle ist mit mindestens einem solchen einst erhitzten Block verbunden. Da keine Feuerstelle nachgewiesen werden konnte, müssen diese Blöcke im erhitzten, wie Experimente zeigen, wahrscheinlich rotglühenden Zustand hierher getragen worden sein. Es stellt sich die Frage, welcher speziellen Technologie diese Blöcke und somit die Arbeitsplätze gedient haben.

Von großem Interesse ist ein in seiner Absicht nicht deutbarer Befund. Es handelt sich um den

55 Arbeitsplatz mit großem Amboß aus einem Geröllbrocken im Zentrum.

58 Arbeitsplatz für die Holzbearbeitung. Der Hackstock besteht aus dem Schienbeinknochen eines Elefanten.

Arbeitsplatz an dieser Stelle mit dem größten Travertinblock. Dieser hat eine flach-halbkugelige Form und annähernd kreisförmigen Umriß mit 80 cm Durchmesser. Sein Gewicht beträgt mehr als 80 kg. Seine Unterseite ist konkav eingedellt, seine Oberfläche hat gerundete bis polierte Stellen. Dieser Block war auf einem viereckigen Podest gelagert, das aus nuß- bis faustgroßen Travertingeröllen in mehreren Schichten errichtet war. Auf dem Podest befand sich ein regelmäßig zugehauener Travertinquader von etwa 20 mal 15 mal 10 cm Größe, der im erhitzten Zustand aufgelegt und mit der konkaven Unterseite der Arbeitsunterlage bedeckt wurde. Die Unterseite zeigt noch durch die Hitzeeinwirkung bedingte Farbveränderungen. Der Quader selbst ist dunkelgrau bis grauviolett verfärbt, brüchig und zerfällt an den Hitzerissen.

Westlich dieses Platzes und südwestlich der Wohnbauten zeigt das Fundmaterial weniger deutlich besondere Aktivitäten. Hier überwiegen Chopper und große Schlagsteine. Spezialgeräte aus Silex sind nicht so häufig wie im Werkstattbereich. Hin und wieder treten große Knochengeräte auf, wie Schaber, Meißel, Spalter und chopperartige Hiebgeräte. Vereinzelt erscheinen auch Arbeitsunterlagen aus Travertinplatten und Muschelkalkquadern, einige Male auch aus großen Quarzitgeröllen. Einmal taucht eine Arbeitsunterlage auf, die aus einem entprechend zugerichteten Schulterblatt vom Elefanten besteht. Dicht neben ihr fanden wir den größten, 80 cm langen Schaber aus dem Spaltstück eines Femurschaftes vom Elefanten mit einer ganzen Reihe von Einschlaglöchern, die beim gezielten Spalten des Schaftes entstanden. Eine Längskante dieses Schabers ist retuschiert und trägt starke Verrundungen.

In diesem Teil der Uferplatte treten Bachrinnen auf, die während der Besiedlung die Lößoberfläche von der westlich liegenden Quelle her in südöstliche Richtung erosiv zerschnitten haben und bereits Abfall und Artefakte verlagerten. So fällt jeweils die Anreicherung von Knochenfragmenten und großen Artefakten aus Stein und Knochen in den Strudellöchern dieser Bachbetten auf.

Wichtig ist der Nachweis von Holzbearbeitung im Fundhorizont von Bilzingsleben. Holz kommt in zahlreichen versinterten Resten vor. Während der Vernässung der Uferzone setzte die Fossilisierung des Holzes ein, indem infolge Kalkausfällung im Wasser Kalzitkristalle die Zellhohlräume des Holzes ausfüllten und dieses in seiner Struktur erhielten, während die organische Substanz in Verwesung überging. Es kommen auch Abdrücke von Holzresten im feinkörnigen Löß der Uferoberfläche vor. In ihnen befinden sich oft noch organische Beläge und versinterte Reste. Eine vorläufige Analyse dieser Hölzer ergab, daß die bestimmbaren Stücke zu 45% auf Erlen zurückgehen. Das waren die Bäume, die in unmittelbarer Umgebung des Lagers wuchsen. Ein Teil dieser Hölzer ist auch auf die Feuerstellen beschränkt. Die übrigen Holzreste ergaben aber keine natürliche Assoziation im Uferbereich. Es sind vorwiegend harte Hölzer, wie Buchsbaum, Birnbaum, Eibe, Hartriegel, Kornelkirsche, Hasel, und elastische Hölzer, wie Esche, Pfaffenhütchen und Wolliger Schneeball. Von letzterem sind die Schößlinge zum Binden bestens geeignet. Es handelt sich also offensichtlich um Hölzer, die auf Grund ihrer Eigenschaften vom Menschen ausgewählt wurden. Sicher geht die Verteilung der nachweislichen Holzreste auf die örtlichen Erhaltungsbedingungen zurück, doch läßt sie einige wichtige Details des Lagers und verschiedene Aktivitäten erkennen.

So häuften sich Holzreste in Form kleiner Späne rings um zwei Ambosse bzw. Hackstöcke. Der eine bestand aus dem Schienbeinknochen eines Elefanten. Damit dieser nicht umkippen konnte, war er mit dem Becken eines Nashorns und einer in den Untergrund eingetriebenen Muschelkalkplatte verkeilt. Der andere Amboß lag rechtwinklig daneben – ein walzenförmiges Stück eines großen Stoßzahnes vom Waldelefanten mit 25 cm Durchmesser, das ebenfalls mit Steinen unterfüttert und befestigt war. Die Hackspuren auf der Oberfläche dieser beiden Arbeitsunterlagen und Hackmesser aus Quarzit in ihrer Umgebung weisen darauf hin, daß hier speziell Holz bearbeitet wurde. Ein weiterer Schritt war die Feinbearbeitung der Hölzer mit Hilfe von abspanenden Spezialwerkzeugen aus Feuerstein, die in großer Zahl auf der Uferoberfläche gefunden wurden. Etwa 1 m vom Arbeitsplatz mit dem Hackstock entfernt lagen die versinterten Reste von vier stangenförmigen geraden und maximal 3 bis 4 cm dicken Hölzern. Zwei davon waren 2 und 2,5 m lang. Das waren mit hoher Wahrscheinlichkeit halbfertige oder fertige Holzgeräte – Stoßlanzen oder Speere. Weitere stangen-, spatel-, schaufel- und hakenförmige Objekte aus Holz – einige sogar mit Ösen an den Enden – wurden in anderen Aktivitätsbereichen des Lagerplatzes gefunden. Zusammen mit den Spezialgeräten aus Feuerstein weisen sie darauf hin, daß in großem Umfange organisches Material zu Gerätschaften verarbeitet wurde und viele Stein- und Knochengeräte mit Sicherheit nur zu diesem Zwecke hergestellt worden sind.

Ein Kultplatz vor 370 000 Jahren?

Eine Überraschung bot der östliche Teil des Lagerplatzes zwischen der Werkstattzone und dem Ufer, das an der Leeseite der halbinselförmigen Uferplatte als dichter Schilfrohrgürtel ausgebildet war. Darauf verwiesen die Pflanzenstrukturen in den Travertinsedimenten dicht über dem Löß des Ufers. Sie bestanden aus Moosen und Schilfabdrücken, von denen aus eine dichte Durchwurzelung des Lößuntergrundes zu beob-

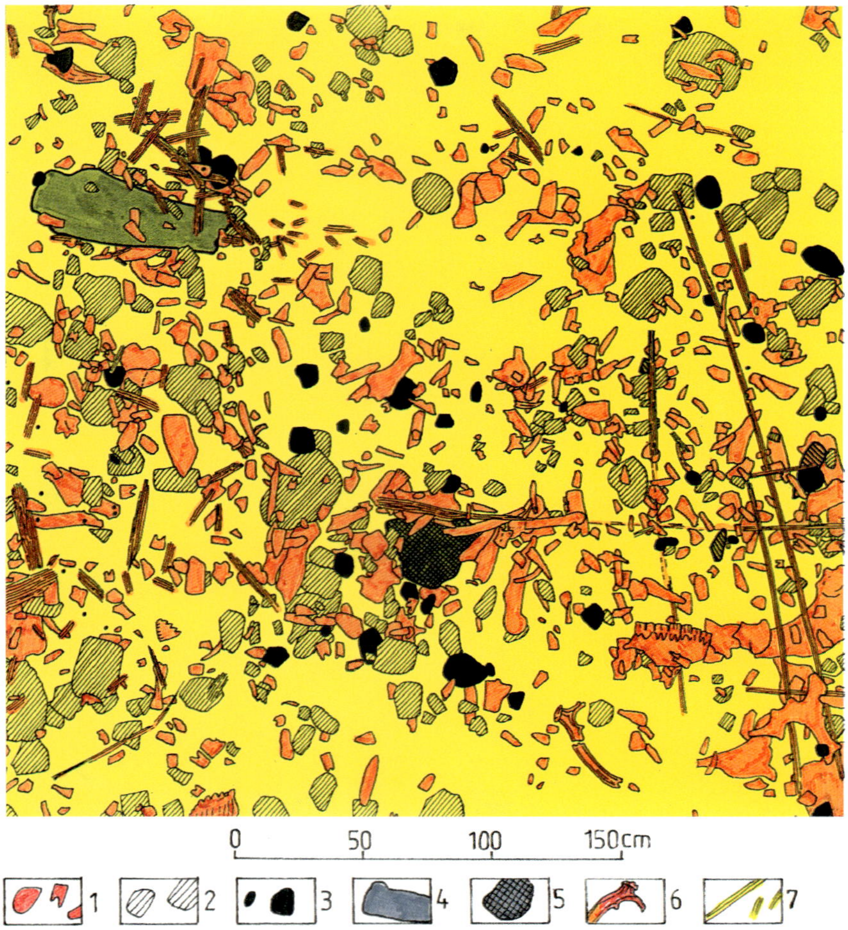

59 Arbeitsplätze für Holz- und Steinbearbeitung. Ausschnitt des Grabungsplanes von Bilzingsleben. 1 Knochen- und Gebißreste von größeren und großen Beutetieren, 2 Platten, Blöcke, Gerölle, Artefakte aus Stein, 3 Chopper und Schlagsteine aus Quarzit, Quarz und Muschelkalk, 4 Unterlage zur Holzbearbeitung aus dem Schienbeinknochen eines Elefanten, 5 Amboß aus Quarzit zur Steinbearbeitung, 6 Geweihartefakt, 7 Holzreste.

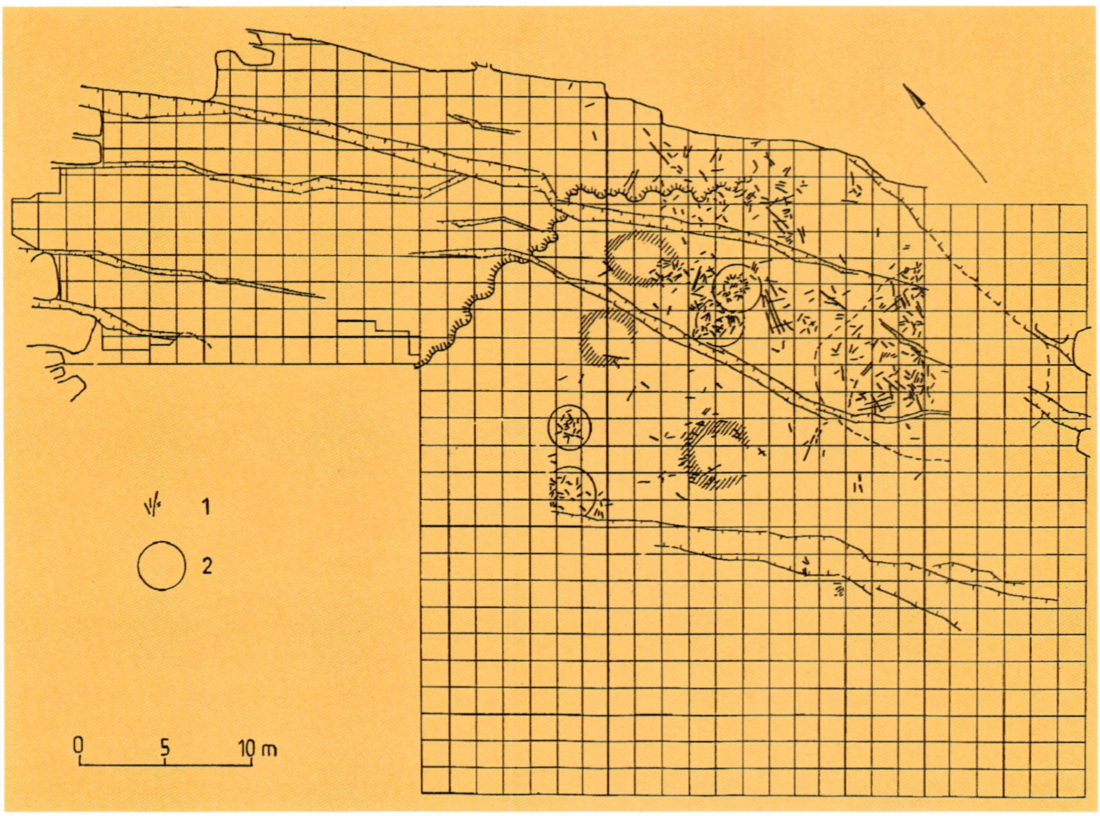

60 Verbreitung der Holzreste auf dem Lagerplatz von Bilzingsleben. 1 Holzreste, 2 Plätze zur Holzbearbeitung.

61 Der gepflasterte Platz. Ausschnitt des Grabungsplanes von Bilzingsleben. Das gesamte kartierte Fundmaterial aus Stein und Knochen ist schwarz dargestellt. Deutlich hebt sich das Pflaster von den Knochenabfällen, dem Rohmaterial, den Halbfabrikaten und Fertigstücken aus Knochen und Geweih und den Steinartefakten der Werkzone ab. Südlich des Pflasters sind pflasterartig angehäufte Travertingerölle mit Arbeitsunterlagen aus sehr großen Blöcken verbunden. Auf und in dem Pflaster sind zahlreiche Holzreste vorhanden; in seinem westlichen Teil befindet sich ein Amboß (rot) neben einem Bisonschädel. Blau: Funde zertrümmerter menschlicher Schädelreste. Westlich des Pflasters eine geradlinige Reihe aus größeren Steinen mit Stoßzähnen an den Endpunkten.

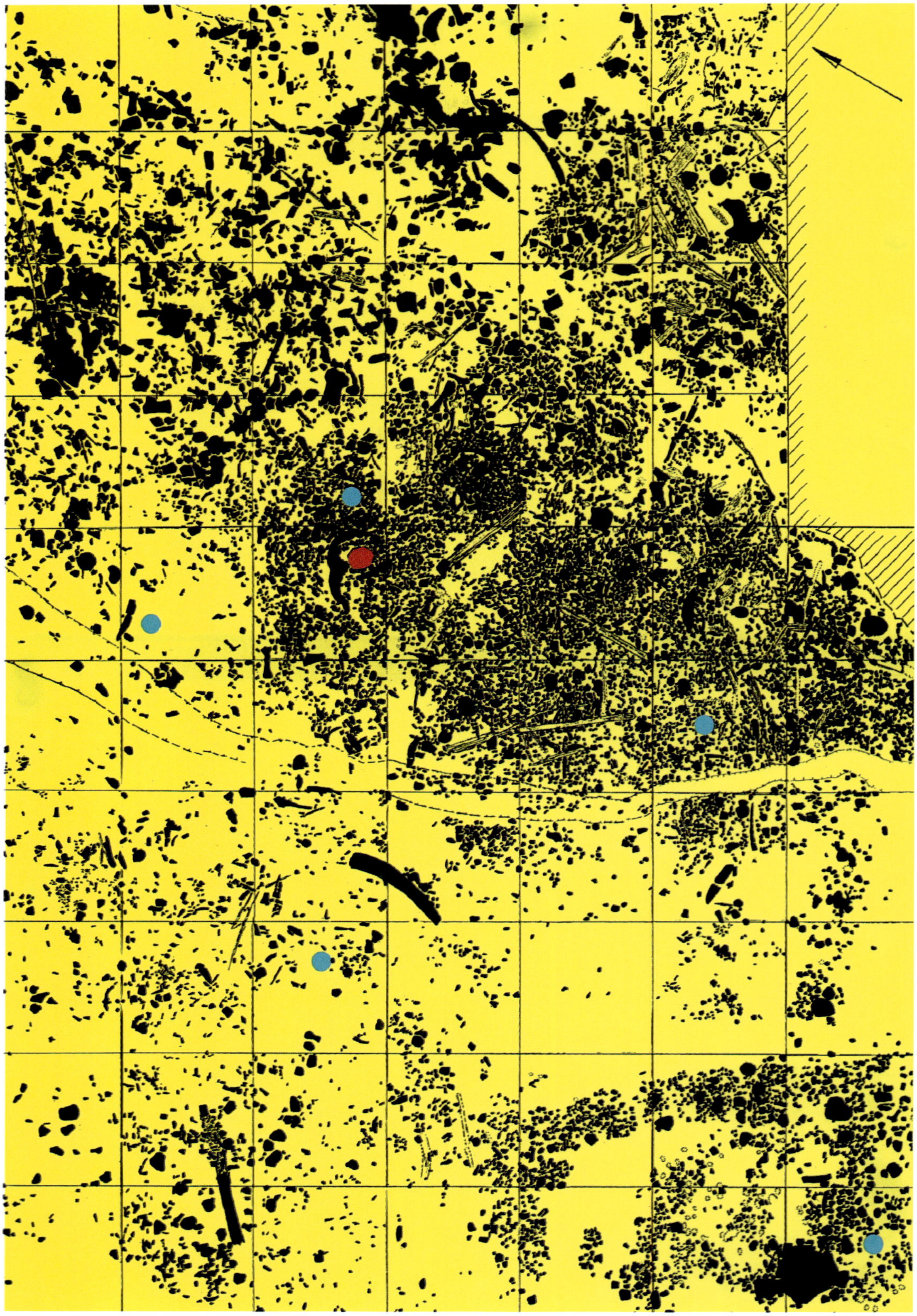

achten war. Gleichzeitig hörte hier abrupt die Verbreitung der Kulturreste auf. Es handelt sich um eine primäre natürliche Grenze des Lagerplatzes. Diese spezielle Stelle des Lagers wurde bisher zur Hälfte freigelegt und mit einem Grabungsschnitt an seiner östlichen Begrenzung erfaßt. Das überraschende Moment ist, daß diese Stelle eindeutig gepflastert worden ist, und diese Pflasterung die Bedeutung des Platzes noch dadurch hervorhebt, daß sie bei einem Durchmesser von 9 m einen annähernd kreisförmigen Umriß hat. Das Pflaster besteht aus meist flachen Geröllen, Schuttbrocken und Platten aus Travertin, Muschelkalk und vereinzelt aus anderen Gesteinen, die aus der Umgebung hierher gebracht worden sind. Sie stammen von dem bereits erwähnten älteren Travertinlager in 250 m Entfernung sowie aus den kiesigen Ablagerungen des nahen Flusses und von den Hochflächen der weiteren Umgebung. Von hier stammen auch Dolomitplatten, bei deren Verwitterung Eisenocker frei wird. Wahrscheinlich gelangten diese Platten bereits im verwitterten Zustand mit dem Farbpulver hierher. Jedenfalls fällt ihre Häufigkeit im Pflaster auf, während sie sonst nur verstreut vorkamen. Flache Knochenstücke und Kieferreste wurden ebenfalls mit verwendet. Das Pflaster wird von einer einfachen regelmäßigen Lage dieser Steine und Knochen gebildet. Sie sind in die weiche Uferoberfläche hineingedrückt. Auf dem Pflaster selbst befanden sich weiter keine anderen Objekte. Es kommen keine Abfallhaufen, Artefakte und deren Herstellungsreste vor. Es erschien bei der Freilegung wie eine flache freie Tenne. Damit hebt es sich grundsätzlich von den übrigen Zonen des Lagerplatzes ab, wo alle Kulturreste auf der ehemaligen Oberfläche lagen.

Im westlichen Teil des Pflasters ragte allein ein Amboß aus einem großen Quarzitgeröll heraus, auf dem Knochen zerschlagen wurden, wie kleine Partikelchen in seiner teilweise zernarbten Oberfläche zeigen. Doch weder Abfälle noch Schlagsteine lagen in seiner Umgebung. Statt dessen wurde dicht neben ihm ein menschliches Scheitelbeinfragment entdeckt, an dessen Bruchfläche ein weiteres Trümmerstück angepaßt werden kann, das einige Meter weiter entfernt angetroffen wurde. Weitere kleine menschliche Schädelbruchstücke sowie ein größeres linksseitiges Stirnbeinfragment wurden in der weiteren Umgebung dieses Platzes gefunden. Die besondere Bedeutung, die der Amboß offenbar besessen hatte, wird durch den Hirnschädel eines jungen Bisons hervorgehoben, der in den weichen Untergrund gedrückt worden war, und dessen Hornzapfen den Amboß an zwei Seiten umfingen. Vielleicht bestand eine Beziehung zwischen diesem Amboß und den menschlichen Schädelstücken. Sonst

62 Der große gepflasterte Platz von Bilzingsleben. Ein Ausschnitt.

wurden an auffälligen Objekten auf dem Pflaster zahlreiche Holzreste und Abdrücke von Hölzern, die in der Mehrzahl von Geräten stammen, gefunden. Die stangenförmigen Geräte mit Ösen- und Hakenenden wurden schon genannt, auch die spatelförmigen, von denen allein acht Objekte mit einer Länge von 25 bis 65 cm auf dem Pflaster angetroffen wurden. Ihre flache, verbreiterte Partie lief jeweils in ein Griffende aus. Andere Geräte kamen bis auf drei oder vier größere Feuersteinwerkzeuge auf dem Pflaster nicht vor. Etwa im Zentrum kam eine größere Muschelkalkplatte mit etwa 60 cm Durchmesser zum Vorschein, die durch heftige Brandeinwirkung zerstört worden ist. Sie ist brandrissig und zerfallen. Außerdem befanden sich weitere Sprengstücke aus Muschelkalk und einige Holzkohlestücke in ihrer Umgebung. Hier war einst eine Feuerstelle. Von westlicher Richtung her verlief auf das Pflaster eine 5 m lange Reihe aus zehn größeren, in regelmäßigen Abständen niedergelegten Kalksteinblöcken zu. Die Endpunkte dieser Reihe wurden mit den mittelgroßen Stoßzähnen eines Waldelefanten markiert. Wahrscheinlich waren sie einst hier aufgestellt. Alle Hinweise deuten somit auf den Gebrauch des Pflasters im Sinne besonderer kultureller Aktivitäten hin.

In diesen kulturellen Rahmen paßt auch die Beobachtung, daß die menschlichen Schädel, die von mindestens zwei Individuen stammen, zerschlagen wurden. Wahrscheinlich stammen sie von verstorbenen Gruppenmitgliedern, und wahrscheinlich ging ihre besondere Behandlung auf das aufkeimende Weltbild des späten Homo erectus zurück. Wahrscheinlich wurde das Gehirn entnommen. Die Teile des einen Individuums lagen in Rinnen des Schwemmfächers und waren in Travertinsand eingebettet. Das größte dieser Stücke, ein Hinterhauptsbein, erweckte den Eindruck, absichtlich dort niedergelegt worden zu sein, da es in einem Verband mit zwei hackenartigen Geweihgeräten, einer großen abgehackten Geweihkrone und einem Mittelsproß gefunden wurde. Ein kleineres Bruchstück dieses Hinterhauptsbeines ist zwei Meter weit weggeschwemmt worden. Alle Geweihreste stammen von einem Hirsch. Die beiden Geräte aus den Stangen lagen parallel ausgerichtet nebeneinander, was kein Zufall sein kann. Sie lassen unterschiedliche Abnutzungsgrade an ihren Augsproßenden erkennen. Die anderen menschlichen Schädelstücke, die zum zweiten Individuum gehören, waren mit dem Pflaster und dem südwestlich davon liegenden Werkstattbereich verbunden. Es sind vor allem kleine Stücke. Es ist möglich, daß nach einer mit dem Zerschlagen der Schädel verbundenen rituellen Handlung alle erkennbaren größeren Schädel- und Kieferfragmente zusammen mit den tabuisierten Geräten – z. B. den erwähnten Geweihhacken und ihren Herstellungsresten – aus dem Bereich des

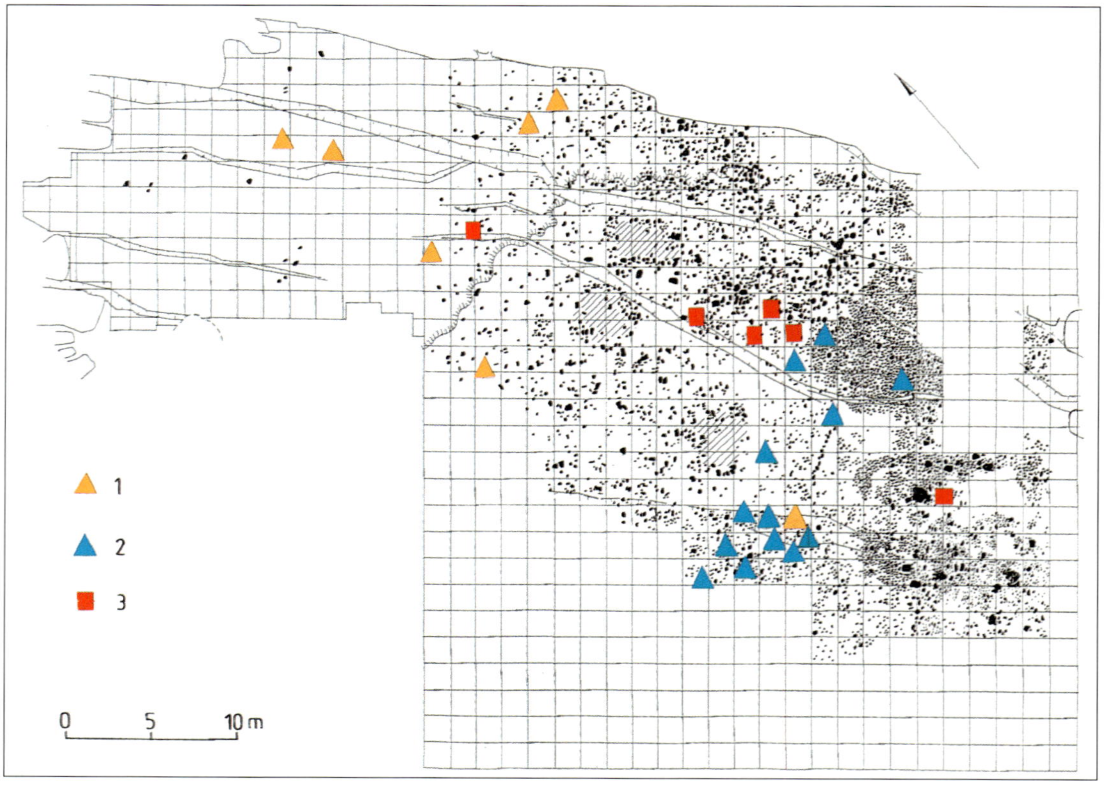

63 Verbreitung der menschlichen Schädelreste auf dem Lagerplatz von Bilzingsleben. Auf dem Plan sind nur die vom Menschen eingetragenen Steine und die Steinartefakte kartiert. Deutlich sind Wohnbauten (schraffiert), Pflasteranlage und Zentren von Arbeitsplätzen zu erkennen. 1 Schädelindividuum 1, 2 Schädelindividuum 2, 3 Zähne.

alltäglichen Lebens entfernt und an anderen Stellen möglichst unzugänglich niedergelegt wurden. Eventuell deutet der Befund des Hinterhauptsbeines darauf hin.

Auf dem Lagerplatz von Bilzingsleben gibt es noch zahlreiche Hinweise auf detaillierte kulturelle und speziell ökonomische und technische Verhaltensweisen des frühen Menschen, die hier nicht alle geschildert werden können. Da der Gesamtbefund erst ausgewertet werden muß, ist mit weiteren Ergebnissen zu rechnen und eine endgültige Schilderung und Interpretation des Lagerplatzes von Bilzingsleben noch gar nicht möglich.

Spuren der frühen Kultur an vielen Plätzen

Zur Zeit ist kaum ein Befund bekannt, der einen so umfangreichen Einblick in das Leben des frühen Menschen vor 400 000 Jahren vermittelt wie der von Bilzingsleben. Bei den bereits genannten Fundstellen von Schöningen I und II/1, Kärlich H, Miesenheim, aber auch bei Vertesszölös, Tautavel und weiteren süd- und südwesteuropäischen Fundstellen, die älter als 400 000 Jahre sind, geben meistens Artefakte und Knochenreste nur indirekte Hinweise auf die Herstellung und Nutzung von Geräten und auf die Ökonomie der Nahrungsgewinnung.

Im Befund von Isernia la Pineta erschien mitten in der dichten Lage aus Resten von Boviden, Elefanten und Nashörnern ein Oval von ca. 4 m größtem Durchmesser, das aus annähernd regelmäßig niedergelegten Travertinbrocken bestand. Es könnte auf einen Wohnbau zurückgehen.

Auch auf der Fundstelle von Prezletice wurde eine etwa kreisförmige, mit einem flachen Wall umgebene, undeutliche Struktur mit einer Feuerstelle davor erkannt. Als saisonal ständig erneuerter Wohnbau von 8 bis 14 m Länge wird der Befund von der fossilen Strandplatte des Mittelmeeres bei Terra amata in Nizza gedeutet. Er ist fragwürdig, zumindest was seine Größe und die Spekulation über seine Konstruktion sowie die Annahme der ständigen Erneuerung bei gleichzeitigem Anwachsen des Sediments in dieser Behausung anbelangt. Immerhin ist hier eine Feuerstelle belegt. Auch bei jüngeren, dem frühen Homo sapiens zuweisbaren Befunden sind Hinweise auf Wohnbauten selten.

Im Travertin von Ehringsdorf sind direkte Hinweise auf Feuerstellen und Plätze mit Knochenabfällen bekannt. Gewiß hat es hier den zahlreichen Steingeräten gemäß auch Arbeitsplätze gegeben, aber sie konnten bei der Art es Travertinabbaus nicht nachgewiesen werden. Behausungsgrundrisse dieser Zeit wurden im Löß von Rheindahlen im Rheingebiet bekannt. Eine Behausung war als flache Grube angelegt und wurde von Pfostenlöchern umgeben, eine andere war indirekt durch die Verteilung von Artefakten verschiedener Werkplätze nachweisbar. Auf einen Wohnbau geht offenbar auch der Befund in der Lazarethöhle bei Nizza zurück.

Aufgliederungen von Rast- und Lagerplatzflächen in verschiedene Aktivitätsbereiche sind nicht bekannt. Hin und wieder konnten Schlagplätze nachgewiesen werden, wie auf dem Fundhorizont von Boxgrove in Südengland, der in die Zeit vor der Elstervereisung datiert wird.

Aus dem Befund von Markkleeberg südlich von Leipzig, dessen Artefakte kulturell wie zeitlich einem entwickelten Acheuléen angehören – aus dem frühglazialen Abschnitt der Saaleeiszeit – und wieder dem frühen Homo sapiens zugewiesen werden müssen, kann indirekt die besondere Fazies einer Gewinnungs- und Verarbeitungsstätte von Feuersteingeröllen am Ausstrich der elsterzeitlichen Grundmoräne und auf einer geröllreichen Talsohle der Pleiße und Elster erschlossen werden. Hier wurden vor allem aus dem begehrten Rohstoff – dem baltischen, mit dem Eis hierher transportierten Feuerstein – Kerne, große Klingen und Abschläge als Ausgangsstücke für spezielle Geräte hergestellt. Gewöhnlich wurden solche Geräte nicht dort zurückgelassen, sondern mitgenommen. Sie blieben nur im beschränkten Umfange zurück, ebenso hier bereits speziell hergestellte Faustkeile, Schaber und Spitzen. Interessant ist, daß die meisten dieser zurückgebliebenen Stücke Fehler aufweisen oder zerbrochen sind. Das betrifft auch die vorbereiteten Kernsteine, die nicht zu Geräten weiterverarbeitet wurden. Sie weisen vor allem Strukturmängel auf. Außerdem blieb der umfangreiche Abfall zurück, der bei der Präparation der Kernsteine entstand. Die Funde sind in den Basisschichten der Flußschotter umgelagert worden, die hier von Pleiße und Elster aufgeschüttet wurden. So lassen sich nur noch indirekt die ehemaligen Werkplätze auf der Talsohle erschließen. Das betrifft auch andere Fundstellen des entwickelten und jüngeren Acheuléens in Mitteleuropa. Schon bei der Markkleeberg benachbarten Fundstelle Eythra lassen sich die Anwesenheit des Menschen und die Herstellung und Technologie der Steinartefakte nur indirekt erschließen. Genauso liegen die Verhältnisse bei zahlreichen Fundstellen in Flußablagerungen des unteren Saale- und mittleren Elbegebietes, der Altmark, des nordwestlichen Harzvorlandes, Westfalens und anderer Teile Niedersachsens. In seltenen Fällen sind diese Funde auch mit erhaltenen Faunenresten verknüpft, die aber nur in Einzelfällen auf die Jagd des Menschen zurückgeführt werden können.

Technologie und Zielvorstellung

In weiten Teilen West- und Südeuropas treffen wir die Fundkomplexe des Acheuléens nicht nur in den Flußablagerungen, sondern auch unter Felsdächern und in Höhleneingängen an. Aber auch hier gibt es kaum weitere Hinweise zu den allgemeinen Verhältnissen an den Rast- und Lagerplätzen, wie Werkzeugherstellung und -nutzung, Nahrungsgewinnung mittels der Jagd und Anhäufung der Nahrungsabfälle. Natürlich sind derartige Befunde allein schon von großer Bedeutung für den Nachweis der Anwesenheit des eiszeitlichen Menschen in der jeweiligen Region. Doch kann über die sozio-kulturellen Aspekte zur Lösung der wirklich historischen Fragestellungen wenig ausgesagt werden.

Unter den Geräten des Bilzingslebeners fallen solche auf, die für grobe Arbeiten, wie Hacken, Spalten und Zertrümmern, gebraucht wurden. Das sind die sogenannten Geröllgeräte. Aus harten spröden Gesteinen wie dem Feuerstein wurden statt dessen Spezialgeräte hergestellt. Im Laufe der technischen Evolution hatten sich Verfahren herausgebildet, nach denen aus Geröllen in bestimmter Weise Kernsteine geformt wurden, um von ihnen in ihrer Form vorausbestimmte Abschläge zu gewinnen. Dieses Verfahren war also dem Bilzingslebener wohlbekannt. Diese Beobachtung ist notwendig, da die Herstellung einer besonderen Kernsteinform zur gezielten Gewinnung von genormten Abschlägen – die sogenannte Levalloistechnik – nicht nur einen großen Fortschritt in der Steintechnologie darstellt, sondern ein unumstößlicher Beweis für eine Absicht, eine geplante Handlung mit fest umrissenen Formvorstellungen ist, die sogar erst nach einem zweiten Schritt einer technischen Handlung zur Offenbarung gelangen. Anders gesagt, ist diese Technik ein Beweis für die Bewußtheit dieser Menschen nach der eingangs gegebenen Definition: Der Mensch – ein Wesen, das sich seiner selbst und seiner Handlungen bewußt ist. Diese Feststellung bezieht sich auch auf die Fähigkeit zum abstrakten Denken als einer Voraussetzung für eine derartige geplante, im Geist vorbereitete Handlung mit fest umrissenem Ziel. Der Aufwand an geistig vorbereiteter Planung von Zielprodukten wird bei der Untersuchung der speziell zugerichteten Geräte aus Feuerstein von Bilzingsleben noch deutlicher. Sie wurden zum großen Teil aus Abschlägen, aber auch gleich aus größeren Trümmerstücken mit Hilfe einer besonderen Schlagtechnik, die jener des präparierten Kerns ähnelt, hergestellt. So treten Stücke auf wie zweiflächig bearbeitete Spitzen, Rückenmesser und größere Schaber, die alle mehrere Schritte der Zurichtung erkennen lassen: Zunächst fand eine Grobpräparation des Aus-

64 Spezialgeräte mit retuschierten Schneiden und Spitzen aus Feuerstein.

gangsstückes statt, dann sorgfältige Flächenretusche, wodurch das Stück eine plane Unterseite und eine konvexe Oberseite erhielt, und schließlich wurde eine Längskante durch eine einseitig gerichtete, sorgfältige Kantenretusche zur Schneide umgestaltet. Besonders bei Rückenmessern wurde noch ein griffiger Rücken von verschiedenen Richtungen her durch Retuschieren zugerichtet. Die Form dieser Geräte war im Gehirn der Verfertiger gedanklich vorprogrammiert und wurde in bezug auf die gewünschte Funktion bei dem Bearbeitungsvorgang speziell ausgeführt und variiert. Der Trend zur Standardisierung der Form der Bilzingslebener Geräte ist nicht nur ein Ausdruck ihrer Bindung an eine bestimmte spezielle Funktion, sondern auch Ausdruck ihrer intentionellen Bestimmtheit.

Noch besser lassen sich Planung und Zielvorstellung bei Gerätschaften erkennen, deren Produktion verschiedene Schritte auf jeweils höheren, technisch komplizierteren Ebenen durchlief. Ein besonderer Charakterzug dieser Geräte und ihrer Herstellungstechniken ist die Verbindung von Differenziertheit und Komplexität. Bei diesen verschiedenen Bearbeitungsschritten wurden auch jeweils andere Geräte gebraucht, die ihrerseits eine eigene, mitunter auch komplexe Herstellungsgeschichte hatten. Konstruieren wir uns aus den Befunden die Herstellung eines hölzernen Speeres: Bei einer vorprogrammierten Länge von 2,3 bis 2,5 m war es notwendig, ein mindestens 4 m langes Stämmchen auszuwählen und abzuhacken. Mit Hackmessern wurden die Seitensprosse entfernt und das an seiner Basis bis 10 cm dicke Stämmchen für die Spitze grob zugerichtet. Mit Schnitzmessern und abspanenden Geräten aus Feuerstein wurde dann die zeitraubende feine Bearbeitung ausgeführt. Besondere Feuersteingeräte mit gebuchteten Kanten dienten dann dazu, dem Speer den letzten Schliff zu geben. Ähnlich komplex war die Herstellung von 0,8 bis 1,2 m langen, partiell geschliffenen und zugespitzten Stäben aus Elfenbein. Zuerst mußte mit Spaltkeilen und Schlagsteinen der Stoßzahn längs gespalten werden. Dann wurde der noch unförmige Span grob zugearbeitet, schließlich an einzelnen Stellen, besonders am verdünnten Ende, geschliffen und poliert, so daß er eine zum Stechen geeignete Spitze erhielt. Von diesen Elfenbeinstäben liegen nur einige Bruchstücke vor, die während des Gebrauchs entstanden waren. Daß vollständige Stücke fehlen, zeigt eindringlich den großen Wert dieser Geräte, der auf den hohen individuellen Arbeitsaufwand zurückzuführen ist. Sie wurden dementsprechend nicht zurückgelassen, gebrochene Stücke wurden nachgeschliffen und wieder benutzt.

Außer den Geröllwerkzeugen für grobe Arbeiten und den Spezialgeräten aus Feuerstein zum Schneiden, Schaben, Kratzen und Bohren kommen auf dem Lagerplatz von Bilzingsleben große Geräte mit speziellen Funktionen aus Knochen, Geweih, seltener aus Elfenbein vor. Holzartefakte sind nur in Resten oder als Abdrücke erhalten geblieben. Abgesehen von den Holzgeräten und Steingeräten zum Schneiden handelt es sich durchweg um Werkzeuge, mit denen andere Geräte und kulturelle Gebrauchsgüter hergestellt wurden. Sie blieben nicht erhalten, da sie aus organischem Material bestanden. So blieb nur ein geringer Ausschnitt der ehemaligen materiellen Kultur zurück. Die Knochengeräte von Bilzingsleben wurden vor allem aus der dicken Kompakta der Langknochen

65 Hackenartige Hiebgeräte aus Hirschgeweih.

66 Großer Schaber, aus einem großen Kompaktasplitter vom Elefanten hergestellt, mit retuschierter Schneide.

67 An den Arbeitskanten der Schaber befinden sich deutliche Arbeitsspuren, wie Kratzer und Schrammen.

68 Eine Beckenschaufel vom Nashorn diente als Arbeitsunterlage. Sie trägt zahlreiche Schnittspuren.

des Elefanten hergestellt. Vorwiegend wurden die Schäfte von Oberarm, Oberschenkel und Schienbein benutzt. Auch ihre Herstellung läßt eine vorprogrammierte, bereits in einer Zielvorstellung fixierte Planung erkennen. Ihr Herstellungsweg erfolgte über mehrere Schritte mit jeweils verschiedenen Werkzeugen zur speziellen Bearbeitung. Das gezielte Zurichten dieser Knochen durch Abhacken der Gelenkenden und längsgerichtetes Spalten der Knochenschäfte mit aufgesetzten Keilen wurde bereits oben beschrieben. Die Spalt- und Trümmerstücke wurden weiter mit Hackmessern und Schlagsteinen bearbeitet, um ihnen geeignete Formen zu geben. Dann wurden ihre Schneiden oder Schaberkanten zusätzlich retuschiert und damit geschärft. An solchen benutzten Kanten, aber auch an den entsprechenden, ebenfalls oft zugerichteten Griffpartien tragen diese Geräte Verrundungen, Schliffe, Polituren sowie in Arbeitsrichtung verlaufende parallele Kratzergruppen und Schrammen. Andere Knochengeräte, die als Spalter oder meißelartige Geräte dienten, haben ausgesplitterte Enden oder Spitzen. Meißel haben an beiden Enden quer verlaufende Schneiden mit Aussplitterungen. Die Vielfalt der durch ihre speziellen Funktionen bestimmten Formen der Knochengeräte wird allein schon an den Schabern deutlich. Es kommen Schaber mit kleinen Ausmaßen vor, wie wir sie von den Steingeräten kennen. Sie haben eine Länge zwischen 6 und 15 cm. Schaber einer mittleren Gruppe mit jeweils speziell herausgearbeiteten Griffpartien haben eine Länge zwischen 20 und 30 cm. Größere Schaber sind bis 45 cm lang. Von allen diesen Schabern heben sich die sehr großen Schabgeräte ab, die aus den Spänen halbierter Langknochenschäfte vom Elefanten bestehen und Längen von 50 bis 80 cm besitzen. Manche Schaber sind rükkenmesserartig zugerichtet und haben beidseitig retuschierte Schneiden. Dann gibt es keulenartige Hiebgeräte mit ausgesplitterten Kanten, dolchartige, zugespitzte Geräte aus den Spaltstücken längs halbierter Ellen vom Nashorn mit aus dem Gelenk gestalteter Griffpartie, pfriemartige Geräte sowie Arbeitsunterlagen aus großen Knochen mit flachen Oberflächen. Das sind die Schulterblätter und Beckenschaufeln von Nashorn und Elefant, deren Oberflächen ein Gewirr von Schnittspuren tragen. Auf ihnen wurden weiche organische Materialien geschnitten, auch Fleisch, das zerteilt wurde. Bei den Schulterblättern mußte die vorstehende Crista ausgebrochen werden, damit diese wie eine Tischplatte flach auflagen.

Bilzingsleben führt den vielfältigsten Artefaktkomplex des frühen Menschen in Mitteleuropa. Das geht auch darauf zurück, daß es sich um einen Lagerplatz handelt, der lange Zeit ununterbrochen bewohnt wurde. So konnten hier die verschiedensten Arbeiten ausgeführt werden, vor allem jene, die viel Zeit und individuellen Aufwand benötigten. Für ihre Durchführung wurde demnach eine Vielzahl verschiedenster Spezialgeräte aus verschiedensten Rohstoffen hergestellt. Ganz anders sehen uniforme, nur aus einigen Gerätetypen und den dazugehörigen Herstellungsresten bestehende Steininventare aus, die aus ökonomischen Zwängen heraus den Augenblicksanforderungen genügen mußten, wie z. B. Inventare, die auf Rastplätzen bei der Jagd zur Aufbereitung der Jagdbeute oder zur Reparatur und Ergänzung des Jagdwaffenbestandes entstanden und zurückgelassen wurden.

Die Spezialgeräte aus Feuerstein von Bilzingsleben haben sehr große Ähnlichkeit mit den Inventaren der Fundplätze von Schöningen, Vertesszölös, Isernia la Pineta oder Tautavel. Einige Hornsteinartefakte von Mauer fügen sich auch in diesen Formenkreis ein, ebenso die kleineren, meist aus Silikatgesteinen bestehenden Spezialgeräte von Cannstatt, wohl auch Kärlich (H) und einigen anderen etwa gleichaltrigen Fundstellen Süd- und Südwesteuropas. Gelegentlich sind diese Inventare auch mit groben Geröllgeräten kombiniert, wie großen Schlagsteinen und Choppern

69 Das Urbeil. Ein großer zugerichteter Knochensplitter mit Griff und ausgesplitterter Schneide.

mit quer oder längsseits verlaufenden Schneiden oder Spitzen, die zugeschlagen wurden. Wir kennen sie von Vertesszölös, Bad Cannstatt, Tautavel und der Gran Dolina bei Atapuerca.

Geräte aus Knochen, wie sie so häufig in der Kultur von Bilzingsleben auftreten, werden sonst in altpaläolithischen Inventaren selten angetroffen. Aber bereits in Bed II der Olduvaischlucht treten einige Knochengeräte auf, weitere sind aus Vertesszölös und einigen italienischen Fundstellen bekannt geworden, wie Castel di Guido, Ranuccio bei Anagni, Malagrotta und einige andere. Auch bei Torralba wurden einige Knochengeräte gefunden. Im Inventar von Vertesszölös tritt außer einigen kleinen Schabern nur ein einziges großes Gerät mit ausgesplitterten Enden aus dem dicken Kompaktasplitter eines Elefanten auf. Zugleich ist es der einzige Elefantenrest auf dieser Fundstelle. Er wurde demzufolge hierhergebracht. Elefanten gehörten nicht zur Jagdbeute des Homo erectus von Vertesszölös.

Die Größe der Hiebgeräte aus Geröllen war von der Größe der Knochen abhängig, die damit zerschlagen werden sollten. So erreichen sie in Vertesszölös nur mittlere Größen und ein Gewicht von etwa 1 bis 2 kg. Die größten dort unter der Jagdbeute nachgewiesenen Tiere sind Pferde, Wildrinder und Nashörner. Bei Bilzingsleben haben die Geröllwerkzeuge ein Gewicht von 5 bis 8 kg, außer den für Vertesszölös genannten Tierarten stammen die Knochen, die bearbeitet wurden, vor allem von großen erwachsenen Waldelefanten. Offensichtlich zählen diese aber nicht zur Jagdbeute, und man hat die benötigten Knochen – Oberarme, Oberschenkel und Schienbeine, die Becken und Schulterblätter sowie auch die großen Stoßzähne – im mazerierten, für die Bearbeitung geeigneten Zustand von den natürlichen Sterbeplätzen dieser Tiere geholt. Gejagt wurden lediglich die Elefantenkälber, deren Reste 75% aller nachweisbaren Individuen ausmachen.

Die Inventare der genannten Fundstellen, die alle mit dem späten Vertreter des Homo erectus in Verbindung stehen, stellen durch ihre Technologie und Geräteformen sowie die große Menge auffallend kleiner Spezialgeräte aus Silikatgesteinen einen besonderen Kulturkreis des entwickelten Homo erectus dar. Dieser Kreis ist auch über Mittel-, Süd- und Südwesteuropa hinaus bekannt. So treten sehr ähnliche Inventare in der Levante auf (Evron, Ruhama), in Tadshikistan (Kuldara), Kasachstan (Travertine von Koshkurgan und Shoktas im Karatau) und in China, dort vor allem in der Lokalität I von Choukoutien. Das erweckt den Eindruck, daß die mitteleuropäischen Fundstellen enge Beziehungen über den Orient nach Asien haben.

70 **Ein Knochenstück wurde wie ein Faustkeil flächig bearbeitet.**

Eine neuere Hypothese (Spektrum der Wissenschaft 6/1997) besagt, daß sich erectoide Formen schon sehr früh – vor etwa 1,8 Millionen Jahren – nach Ostasien ausgebreitet hätten und dort zu nicht kulturfähigen Formen des Homo erectus weiterentwickelt hätten. Der Beweis dafür sei, daß man auf den asiatischen Fossilfundplätzen keine Geräte fortschrittlicher Technologie gefunden habe »wie es bei einem jüngeren Alter eigentlich zu erwarten wäre«. Homo erectus habe sich noch weit nach Westen bis Mitteleuropa ausgebreitet, sei dann ausgestorben und durch eine progressivere Form aus Afrika ersetzt worden. Dabei wird als Merkmal des Fortschrittes lediglich die Kenntnis der Faustkeilherstellung und -verwendung angesehen – ein sehr fragwürdiges Maß für die kulturelle Evolution und ihre äußerst vielfältigen Erscheinungsformen. Wir sind der Meinung, daß der Homo erectus, der vor 450 000 Jahren in Choukoutien gelebt hat, die gleiche relativ hoch stehende Stufe in seiner geistigen wie kulturellen Entwicklung erreicht hatte, wie wir sie beim »Bilzingslebener« kennengelernt haben. Die Ähnlichkeit des Inventars an Steinartefakten von Choukoutien mit Bilzingsleben und anderen mitteleuropäischen Fundstellen deutet auf eine enge Beziehung über den Vorderen Orient nach Asien.

Zur Bewußtheit des Homo erectus

Zielstrebigkeit und planmäßige Handlungen, die Homo erectus bei der Anwendung seiner Technologien und Herstellung seiner Spezialgeräte zu erkennen gibt, setzen bereits ein hohes Maß an geistigen Fähigkeiten voraus. Vor allem muß die Fähigkeit zum abstrakten Denken auf gewissen Ebenen schon ausgebildet gewesen sein. Damit verknüpft war auch die sprachliche Kommunikation. Wir sehen einen unmittelbaren Beweis dafür in einigen Knochenartefakten von Bilzingsleben mit intentionell eingeritzten Strichfolgen und Mustern.

Das eine Objekt ist ein etwa 40 cm langes Gerät aus dem Splitter eines Schienbeinknochens vom Elefanten. Es wurde als Hiebgerät genutzt, wie das ein breites, ausgesplittertes Ende und ausgesplitterte Längskanten beweisen. Das andere Ende verläuft spitz und ist durch den Gebrauch stark verrundet. Dieses Gerät wurde zwischen zwei Arbeitsplätzen dicht neben dem Eingang eines ovalen Wohnbaus gefunden. Auf der einen, flach und gerade verlaufenden Längsseite des Gerätes sind gerade Linien in einer regelmäßigen Folge und in gleichmäßigen Abständen eingeritzt. Sie können nicht zufällig bei der Benutzung des Gerätes als Arbeitsspuren entstanden sein. Für eine zufällige Enstehung gibt es keine plausible Erklärung. Die Folge beginnt am spitzen Ende mit einem aufgefächerten Strichbündel aus sieben Linien. Dann setzt sich die Folge mit einem mittleren Teil aus vierzehn Linien in einer ebenfalls leicht aufgefächerten Darstellung fort. Das andere Ende fehlt; es ist beim Gebrauch des Gerätes abgesplittert. Wahrscheinlich war die Folge symmetrisch aufgebaut und endete in einem Strichbündel wie am erhaltenen Ende. Auf einigen anderen Stücken sind ebenfalls regelmäßige Strichfolgen oder Strichbündel mit dem Silexmesser eingeritzt worden. Unter ihnen fällt besonders eine dünne, etwa 3,5 cm breite und 30 cm lange Rippe mit geglätteter Oberfläche auf. Die schwach konvexe Außenseite trägt sechs parallele, schräg über die Rippe verlaufende, tief und deutlich eingeschnittene Linien. Vier von ihnen bestehen jeweils aus drei hintereinander angesetzten Teillinien. Sie zeigen, daß die Linien jeweils nicht durchgezogen wurden. Abgesehen von ihrer Regelmäßigkeit, die bereits eine zufällige Arbeitsspur ausschließt, wiederlegt diese Struktur der Linien jene immer wieder von Zweiflern in die Diskussion gebrachte Bemerkung, die Schnitte würden auf Fleischschneiden zurückgehen. Entweder sei von der Rippe Fleisch abgetrennt worden oder auf einem noch zusammenhängenden Brustkorbteil als Unterlage Fleisch zerlegt worden. Beide Erklärungen verraten Unkenntnis des Sachverhalts: Auf den Rippen befindet sich kaum eine verwertbare Fleischschicht, die durch Schneiden abgetrennt werden könnte – dies wäre allenfalls durch Schaben möglich –, während Zerschneiden von Fleischteilen auf der Innenseite des Brustkorbes – nicht auf der Außenseite – heterogene und unregelmäßige Schnittlinien hinterlassen hätte, so, wie es von spätpaläolithischen Jägern und Paläoeskimos bekannt ist. Die fünfte Linie auf der Rippe besteht nur aus zwei Teilstrichen, die sechste zunächst nur aus einem Teilstrich, der über ein Drittel der Rippenbreite hinwegreicht. Wir können diese Linien, deren Abstände unter Umständen auch etwas zu bedeuten haben, nur als absichtlich eingraviert beurteilen. Ein weiteres Knochenplättchen trägt

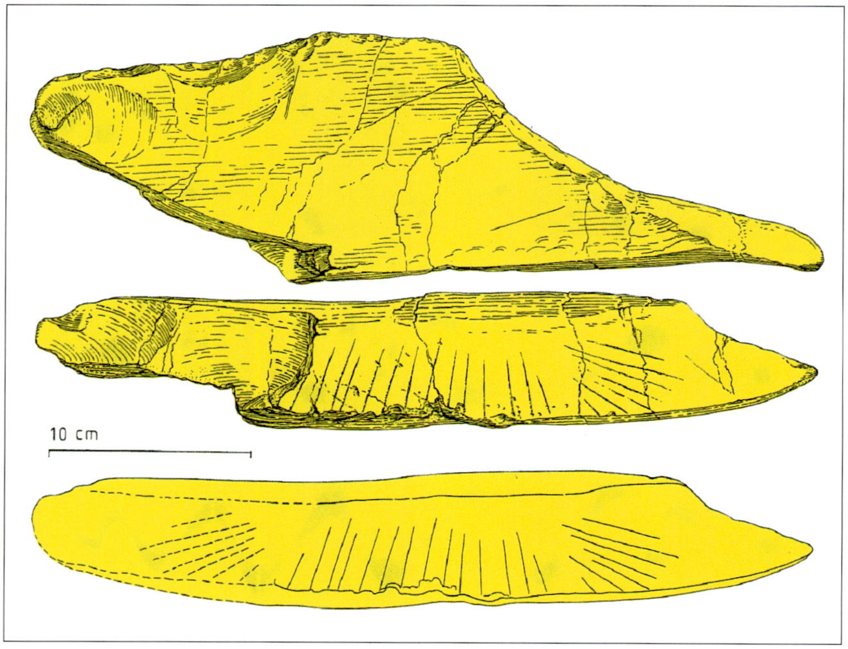

71 Knochenartefakt von Bilzingsleben mit eingravierter Strichfolge. Unten: abgebrochenes Ende ergänzt.

72 Die Gravierung auf dem Knochenartefakt.

73 Detail aus der Gravierung auf dem Knochenartefakt: die aufgefächerten Linien.

74 Auf einem Knochenplättchen wurden parallele kurze Linien eingeritzt, deren Folge von langen liegenden Kreuzen unterbrochen wird. Vielleicht Zählstriche?

75 Fußwurzelknochen vom Waldelefanten mit eingraviertem Rechteck.

mehrere parallele, von langen, sich kreuzenden Linien unterbrochene Schnittlinien. Auf einem vierten Stück befindet sich ein eingeritztes Strichbündel. Der ovale, konvex-konkav gestaltete Carpalknochen eines Elefanten trägt ebenfalls eine intentionelle Einritzung. Auf seiner konkaven flachen Seite von 17 mal 10 cm Größe ist ein doppeltes Rechteck eingeritzt. Ein weiteres Knochenplättchen trägt mehrere parallele, von langen sich kreuzenden Linien unterbrochene Schnittlinien. Auf einem fünften Stück befindet sich ein Strichbündel.

Für uns haben diese Artefakte, vor allem das zuerst beschriebene mit seiner aufgefächerten Strichfolge, die Bedeutung der Übermittlung von Gedanken, von Vorstellungen in einer optisch wirksamen Form. Die Anwendung von geometrischen, gleichsam symbolartigen Mustern bezeugt die Fähigkeit zur Abstraktion. Ein zum abstrakten Denken befähigtes Wesen konnte sich auf dieser Ebene nur in einer Sprache mitteilen, die sich der Wortsymbole bediente oder über die Umsetzung in graphische Darstellungen der beschriebenen Form – für uns ein Beweis für die Befähigung unseres entwickelten Homo erectus zum abstrakten Denken und zur Sprache.

Die Wirtschaftsweise im Rahmen der kulturellen Anpassung

Für die Erschließung kühlerer Klimagebiete erwiesen sich kulturelle Errungenschaften, wie Wohnbauten, Feuernutzung, dauerhafte Lager mit einer künstlich geschaffenen sozio-kulturellen Mikroumwelt, sehr wahrscheinlich auch einfache Bekleidung als günstige Mittel zur Anpassung und zum Überleben. Ihren Ausdruck fanden die neuen Anforderungen in den soeben beschriebenen Komplexen mit ihren differenzierten Technologien und der Bestimmtheit der Form ihrer Geräte. Darauf wirkte auch die speziell für kühlere Klimate und ihre Landschaftsverhältnisse notwendige Wirtschaftsweise ein. Diese bestand nicht nur aus dem Sammeln von Nahrungsmitteln, das besonders in der wärmeren Jahreszeit Bedeutung hatte, sondern überwiegend aus der Jagd. Wir haben bereits darauf hingewiesen und können uns auf einige wichtige Aspekte dieser Art des Nahrungserwerbs des frühen Menschen beschränken.

In erster Linie läßt sich die Bevorzugung von Großwild erkennen, und zwar von Pflanzenfressern, die in Herden oder größeren Gruppen lebten. Die größten unter ihnen waren die Elefanten, ihnen folgten mit Abstand die Wald- und Steppennashörner, dann nach ihrer Größe die Wildrinder und Wildpferde sowie die Hirsche. Unter den Hirschen sind die Rothirsche am häufigsten, gelegentlich tritt auch der Damhirsch auf, während der Riesenhirsch selten ist. Zum Großwild sind auch die Bären zu rechnen. An Niederwild sind nur Biber (Castor fiber und Trogontherium cuvieri) häufig in der Jagdbeute anzutreffen. Der Rest der Beute verteilt sich auf gelegentlich erbeutetes Wild: Reh, Wildschwein, Löwe, Wildkatze, Wolf, Fuchs, Dachs, Marder und ein Halbaffe (Macaca sylvana). Auch Dam- und Riesenhirsch und Auerochse (Bos primigenius) sind nur Gelegenheitsbeute.

Die Großwildjagd, speziell die Jagd auf große Herdentiere, erforderte gemeinschaftliche Planung und Durchführung. Kenntnisse der örtlichen Verhältnisse, des Wildverhaltens, des jahreszeitlich bedingten Vorkommens von Wild, Ge-

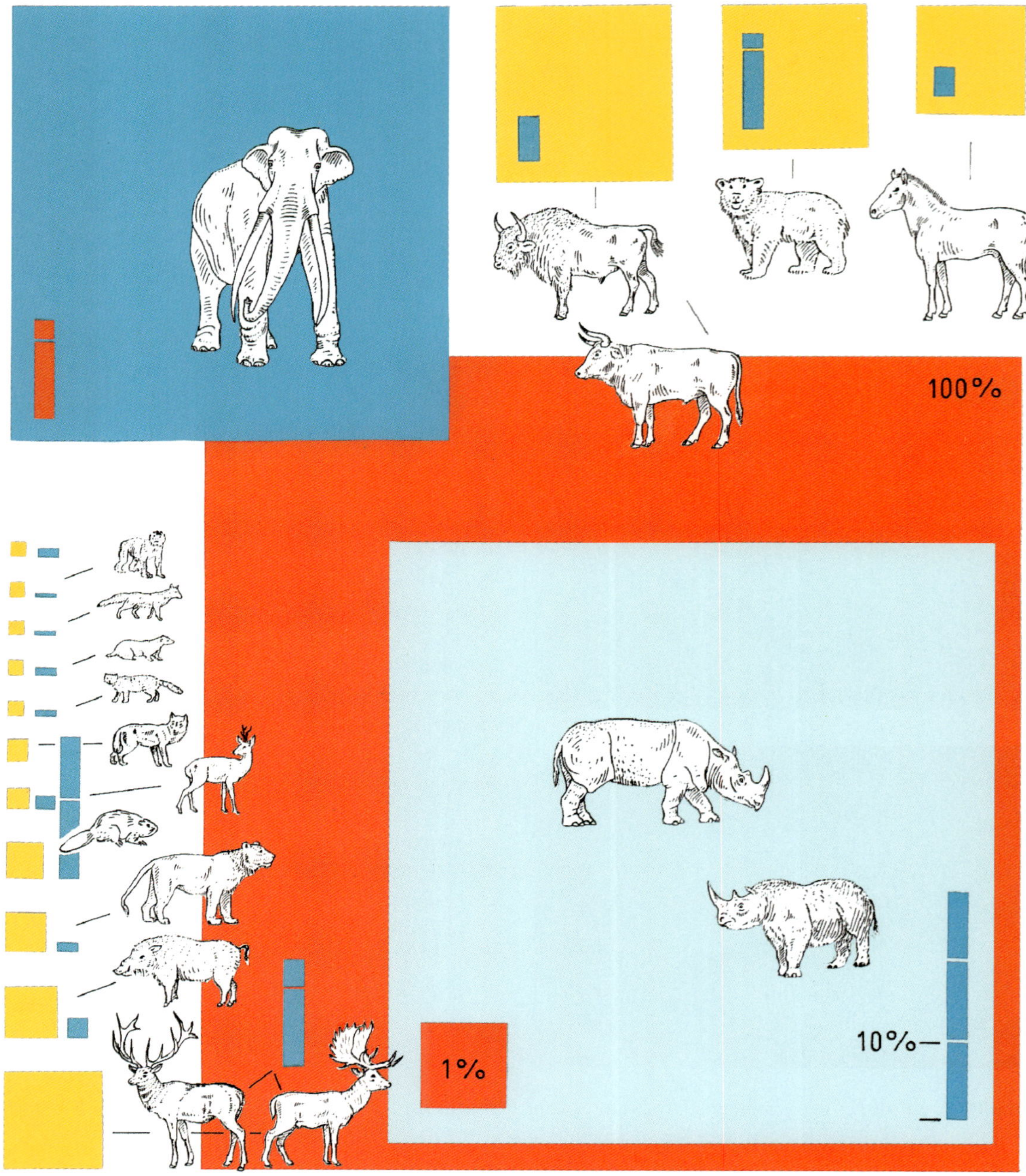

76 Die Jagdbeute des Bilzingslebener Urmenschen. Die Untersuchung bezieht sich auf eine vorläufige Untersuchung einer Lagerplatzfläche von 350 m² Größe mit 256 nachgewiesenen Individuen. Flächen: Körpergewicht in Prozent. Säulen: Individuenanzahl in Prozent. – Von links oben nach rechts unten: Waldelefant, Wildrind (Bison, Ur), Bär, Pferd, Nashorn (Wald- und Steppennashorn). – Linke Seite von unten nach oben: Hirsch (Rot- und Damhirsch), Wildschwein, Löwe, Biber, Reh, Wolf, Wildkatze, Dachs, Fuchs, Makake, sonstige.

schicklichkeit, Kombinations- und Führungsvermögen waren von selektivem Vorteil bei der Herausbildung und Weiterentwicklung dieser Art des Nahrungserwerbs. Daß der Homo erectus dieser Zeit vorwiegend gejagt hat, steht außer Zweifel, seitdem die sensationellen Funde der Speere und Wurfhölzer von Schöningen (II/4) bekannt geworden sind. Jetzt kann die Lanzenspitze aus Eibenholz aus den holsteinzeitlichen Flußablagerungen von Clacton on Sea endlich richtig gewürdigt werden, bestätigen doch die neuen Funde ihr hohes Ater. Auch die stangenförmigen Holzartefakte von Bilzingsleben, die in ihren Ausmaßen den Speeren von Schöningen entsprechen, können mit Sicherheit als solche Jagdgeräte definiert werden, ohne daß ein wissenschaftlicher Fehlschluß zu große negative Auswirkungen hätte. Die Wahrscheinlichkeit der Deutung eines über 2 m langen stangenförmigen Holzrestes als Speer oder Stoßlanze aus dem Travertin von Bad Cannstatt wird ebenfalls größer.

Sogenanntes Scavenging – Essen von Kadavern – als wichtigster Nahrungsgrundlage für unsere als nicht kulturfähig angesehenen frühen Menschen, wie das verschiedene Ideologien fordern, kommt nicht in Frage. Das soll nicht bedeuten, daß Homo erectus von Bilzingsleben nicht auch hin und wieder ein gefallenes, also aus irgendeinem natürlichen Grund frisch verendetes Tier genutzt hätte. Jagdparasitismus in der Form, daß der frühe Mensch den großen Raubkatzen oder Hyänen die Beute abgejagt oder darauf gewartet hätte, daß von einem solchen Riß einige wenige, von den Carnivoren nicht zerbeißbare Knochen übrigblieben, können wir uns auf Grund der Schwierigkeit eines solchen Unterfangens den wehrhaften Beutegreifern gegenüber gar nicht vorstellen. Wenn zerschlagene Knochen auf den Rast- und Lagerplätzen des frühen Menschen vorkommen, ist das noch längst kein Beweis dafür, daß er sich nur von diesen ernährt hat, auch nicht dann, wenn vorwiegend Rippen und Wirbel sowie Hand- und Fußknochen weitgehend fehlen und behauptet wird, daß diese vor allem von den Hyänen zuerst gefressen werden, da sie klein, weich oder dünn sind. Dem rein formalen Schluß der Kulturfähigkeitsgegner, daraus könne man folgern, daß der Mensch für seine Nahrung die unzerbeißbaren schweren und großen, harten Knochen von den Mahlzeitresten der Hyänen geholt habe, kann auch dahingehend entgegnet werden, daß sich diese Knochen in den fleischreichen Teilen der Beutetiere befanden und mit ihnen zum Lagerplatz gebracht wurden. Ein Wesen, das sich seiner selbst und seiner Fähigkeiten bewußt geworden ist, ist von diesem Zeitpunkt an selbst aktiv, um sich Tiere zu erbeuten, und muß nicht darauf warten, was Löwen und Hyänen übrig lassen.

Großwildjagd ist in gewisser Weise schon als eine gezielte Jagd zu bezeichnen. Sie ist effektiv, da gemeinschaftliches Erbeuten eines großen Tieres einer Gruppe auf längere Zeit die Nahrung sichert als die umständliche und aufwendige Jagd auf kleinere Tiere, die zudem noch schnell flüchtig und schwer in der Dickung zu verfolgen sind, wie das Reh, oder sehr angriffslustig und bedrohlich, wie das Wildschwein, das mit seinen Hauern gefährliche Wunden reißen kann. Infolgedessen treten diese Tiere auch seltener in der Jagdbeute auf. Das trifft auch auf die Raubtiere zu, die, ausgenommen die Bären, nur bei günstiger Gelegenheit oder dann, wenn sie die Jäger angriffen, erlegt wurden. In der Beschränkung der Wehr- und Fluchtkraft der Tiere bestand der Jagderfolg. Auch mußte die Jagd mehr aus dem Hinterhalt als in einer direkten Konfrontation, in einem Angriff, durchgeführt werden. Eine Angriffsjagd war angesichts der einfachen Bewaffnung der Jäger auch schlecht möglich. Trotz dieser Vorstellungen und unserer Meinung, daß das Verhalten der Jagdtiere dem der heute lebenden Arten entsprach, haben wir keine Hinweise darauf, wie die Jagd wirklich ablief.

Am häufigsten sind Nashörner in der Bilzingslebener Jagdbeute. Sie umfassen nach Individuen 27% aller nachweisbaren, oben genannten Tiere. Ihnen folgen die Hirsche – vorwiegend Rothirsche – mit 13% und die Biber mit 16%. Elefanten und Bären nehmen jeweils 11% ein, Wildrinder 6%, Wildpferde 4%. Unter den Elefanten überwiegen mit 75% die Jungtiere. Unter diesen sind wiederum die bis einige Monte alten Tiere am häufigsten. Diese Jungtiere stellen die Jagdbeute dar, während der Rest von 25% der Individuen auf Skeletteile von Alttieren entfällt, die – wie oben geschildert – vorwiegend eingetragenes Rohmaterial für Werkzeuge darstellen. Die Skelettreste der Bären beschränken sich auf die Schädel, die Pranken und die an diese anschließenden distalen Gelenkenden der Langknochen sowie auf die Penisknochen. Hier stellt sich die Frage, ob die Bären überhaupt verzehrt wurden oder aus anderen Gründen, z. B. ihrer Felle wegen, gejagt wurden.

Auch an anderen Fundstellen des Mittelpleistozäns läßt sich die Ausübung der Großwildjagd feststellen. Unter den Knochenabfällen des Siedlungsplatzes von Vertesszölös wurden zahlreiche Pflanzenfresser und Raubtiere angetroffen. Absichtlich wurden besonders Wildpferde gejagt. Nach Individuen kommen sie mit 41% vor. Hirsche erreichen 23%. An dritter Stelle erscheinen mit 16% Nashörner, Wildrinder mit 5%. Unter den Carnivoren treten nur Bären mit 5% relativ häufig auf. Alle anderen Arten sind selten, so Damhirsch, Riesenhirsch, Flußpferd, Reh, Biber, Altbiber, Makake, Hyäne, Löwe, Wildhund.

Die Jagdfauna von Tautavel ist weniger auf ausgesprochenes Großwild eingestellt. Bevorzugt wurde mittelgroßes Wild gejagt. Das hängt sicher mit der bergigen bis gebirgigen Umwelt zusammen. So sind Wildziegen (Thar) und Hirsche am häufigsten. Ihnen folgen an Häufigkeit Nashörner

77 Großsäugerknochen als Zeugnisse der Jagd: Kieferreste vom Nashorn.

Lebensbild von Schöningen.

und Wildpferde. Vertreten sind Biber, Wildschaf, Steppenbison, Auerochse und einige Raubtiere.

Bei Isernia La Pineta überwiegen mit 36% die Wisente. Elefanten sind mit 18%, Nashörner mit 17%, Bären mit 5% vertreten. Alle anderen Arten sind seltener und wurden nur gelegentlich gejagt, wie Flußpferd, Hirsch, Riesenhirsch, Wildpferd und Löwe.

Auf der ebenfalls schon erwähnten Siedlungsstelle von Terra amata am Mittelmeerstrand überwiegen in der Jagdbeute Waldelefanten, Nashörner und Auerochsen, unter dem Niederwild das Wildkaninchen. Ferner treten Wildschwein, Rothirsch, Wildziege und Bär auf.

Bei Torralba und Ambrona, zwei benachbarten Fundstellen östlich von Madrid, überwiegen unter den Knochenresten jeweils die Waldelefanten mit 45% und 83,6%. Es ist allerdings nicht zu beweisen, daß diese Tiere auch gejagt wurden. In einigen Fällen wurden noch größere zusammenhängende Skelettreste von einzelnen Tieren im Stadium der Zerlegung angetroffen. Andere Reste stammen von Wildpferden, Rothirschen, Wildrindern und vom Nashorn.

In sumpfigen Ablagerungen eines kleineren Beckens bei Polledrara in Mittelitalien wurden – ähnlich wie bei Ambrona – zahlreiche Elefantenreste angetroffen. Sie stammen von zehn bis fünfzehn Individuen, die hier zerlegt wurden. Zahlreiche Steingeräte lagen zwischen den Knochenresten, die aber auch von Nashörnern, Hirschen, Auerochsen und Wisenten stammen.

Bei allen diesen Fundstellen fallen immer wieder einige Großwildarten mit größeren individuellen Häufigkeiten auf, die aber in der Regel nicht über 30% hinausgehen. Abgesehen von den großen Waldelefanten spricht diese größere Häufigkeit für eine gezielte Jagd auf diese Tierarten. Neben einer solchen Gruppe treten meist noch ein oder zwei weitere Arten auf, die ebenfalls absichtlich, aber nicht so häufig gejagt wurden. Sie erreichen meistens 10 bis 20% der gesamten Jagdfauna. Ferner kommen noch mindestens fünf und mehr Arten vor, deren Anteile unter 10% liegen, in den meisten Fällen aber nicht 5% erreichen. Diese Tiere wurden nur gelegentlich gejagt. Andere, die nur selten auftreten, sind zufällig erbeutet worden. Unter den absichtlich gejagten Tieren überwiegen immer die Pflanzenfresser. An absichtlich gejagten Carnivoren kommt in der Regel nur der Bär vor. Unter dem Niederwild kommen hin und wieder eine oder zwei Arten vor, die regelmäßig gejagt wurden. Auf Grund ihres geringen Körpergewichts spielten sie aber nie eine überragende Rolle. Diese Verhältnisse treffen wir auch bei der Jagdfauna von Bilzingsleben an. Auch bei einigen anderen mitteleuropäischen Fundstellen zeigen sie sich in ähnlicher Weise.

So treten fast alle Arten, die in Bilzingsleben nachgewiesen wurden, genauso auf dem Schwemmkegel am Ufer des rinnenförmigen Sees von Schöningen auf (II/1). Es sind Waldelefant, Waldnashorn, Wildpferd, Wildrind, Rothirsch, Wildschwein, Reh, Biber, Altbiber und Bär. Die Nashornreste sind besonders häufig. Im Travertinbecken von Bad Cannstatt wurden unter der Jagdbeute Wald- und Steppennashorn, Rothirsch, Wildpferd und Wildrind nachgewiesen, während bei den Waldelefanten, die mit Artefakten zusammen gefunden wurden, nicht bewiesen werden kann, ob die Tiere auch vom Menschen getötet worden sind.

Bei Kärlich (H) wurden als Nahrungsreste die Knochen vom Waldelefanten, Wildpferd, Rothirsch und Wildrind gefunden. Bei Miesenheim ergab die Grabung nur einen kleinen Ausschnitt eines Aufenthaltsplatzes in einer sumpfigen Niederung, aber mit Hinweisen auf mindestens dreizehn Rehe, vier Wildpferde und ein Wildrind, die hier erlegt und verzehrt wurden, sowie einigen Resten von Elefant, Nashorn, Rothirsch, Bär, Biber und Altbiber.

Während die bisher beschriebenen Beispiele von Jagdfaunen des frühen Menschen mehr oder weniger von Rast- und Lagerplätzen stammen und Rückschlüsse auf die Jagd nur allgemein und indirekt zulassen, wurden vereinzelt auch Plätze entdeckt, die direkt mit der Nahrungsgewinnung zusammenhängen. Bei Aridos in Spanien, südöstlich von Madrid, wurden zwei Plätze entdeckt, an denen jeweils ein Elefant zerlegt und vielleicht auch an dieser Stelle getötet wurde. Zwischen den teilweise noch zusammenhängenden Skeletteilen befanden sich Steingeräte zum Tranchieren der Fleischteile und Chopper zum Zerhacken der Knochen. Zum Schneiden wurden vorwiegend Abschläge genommen, die aus geeigneten Geröllen an Ort und Stelle geschlagen wurden und keine besonderen Zurichtungen zeigen. Zu ihrem Gebrauch als Tranchiermesser genügte die scharfe Kante des Abschlags. Die Fundumstände zeigen, daß sich diese Plätze in breiten versumpften, von verwilderten Flüssen durchzogenen Auen befanden.

Neue Entdeckungen im Harzvorland: Schöningen

Bisher wurden Jagdfaunen beschrieben, die von frühen Menschen stammen, die unter warmklimatischen Verhältnissen lebten. Es läßt sich in allen Fällen Großwildjagd mit einem Trend zur Bevorzugung einiger besonderer Wildarten erkennen. Diese Bevorzugung geht entweder auf das reichliche Vorkommen dieser Arten zurück oder auf die leichten Bedingungen, unter denen sie erlegt werden konnten.

Ganz andere Ergebnisse erbringt seit 1994 eine Forschungsgrabung im Tagebau bei Schöningen im Nordharzvorland. Sie wird unter der Leitung von Hartmut Thieme (Hannover) durchgeführt. Hier befindet sich im oberen Teil der See- und Sumpfablagerungen der Warmzeit »Schöningen II« ein aus Torfen bestehender Verlandungshorizont (II/4), an dessen Basis eine fundreiche ehemalige Oberfläche entdeckt wurde. Sie gehört an das Ende der Warmzeit. Das Klima hatte sich bereits angesichts der neuen herannahenden Kaltzeit zu einem kontinentalen borealen bis kühl temperierten Waldsteppenklima verändert. Der Fundhorizont II/4 beweist das Ausharren einer Gruppe des Homo erectus während einer Warmzeit des Holsteinkomplexes – der gleichen, der auch der Fundhorizont von Bilzingsleben zugewiesen wird – bis in die Übergangszeit zum folgenden Glazial. Der Fundhorizont hat somit im Vergleich ein Alter von 370 000 Jahren. Er erbrachte die schon wiederholt genannten hölzernen Jagdwaffen und geht auf jägerische Aktivitäten in einer breiten, teilweise versumpften und von einem flachen Seebecken durchzogenen Niederung östlich des Muschelkalkrückens des Elm zurück.

Aus den bisherigen geologischen und paläontologischen Beobachtungen läßt sich folgendes über die weiteren Umweltverhältnisse an diesem Standort aussagen: Die flachen sumpfigen Ufer des Sees waren mit Röhricht und einem Auwald in Art eines Galeriewaldes umgeben. An einer seichten Stelle des westlichen Ufers war durch Wasserspiegelabsenkung der aus Kalkmudden bestehende Seegrund trocken gefallen. Diese Stelle erstreckte sich auf einer Länge von etwa 150 m am Ufer entlang und war 20 bis 30 m breit. Hier war die einzige von Gebüsch, Röhricht und Gehölz freie Stelle. Lediglich eine Wiese aus Sauergräsern entwickelte sich dort. Das zeigt eine mehrere Zentimeter dicke, dunkelbraune, aus Carexresten bestehende Torfschicht. Von hier aus fand eine Durchwurzelung der Kalkmudde statt. Das ist der Beweis für den ehemaligen Oberflächenhorizont.

Für die Jäger war es eine der wenigen Stellen, wo sie durch Gestrüpp und Schilfrohr auf eine relativ trockene und freie Stelle am Ufer mit Zugang zum Wasser gelangen konnten. Sie nutzten sie, um im Riedgras ihre Jagdbeute zu zerlegen und zwischen ihren Beutezügen zu rasten. In der Umgebung außerhalb der Niederung waren nach Aussage der Pollenanalysen parktaigaartige Wälder aus Kiefern, Lärchen, Fichten und Birken sowie offene Wiesensteppen mit Schwarzerdeböden ausgebildet. Vereinzelt kamen noch anspruchsvolle Gehölzarten vor wie Hasel und Erle. In den Steppen herrschten Süßgräser und Heliophyten, unter diesen Steppenpflanzen wie Beifuß (Artemisia) und Gänsefußgewächse. Das Klima war kontinental, dadurch bedingt waren die Sommer warm und trocken, die Winter aber bereits empfindlich kalt. Wahrscheinlich waren die Niederschläge auf Herbst und Frühjahr verteilt, so daß dadurch bedingt die trockenen Verhältnisse im Sommer noch verstärkt wurden. Das Jahresmittel dieses Waldsteppenklimas betrug +4 bis +6 °C, das Temperaturmittel des Juli als wärmstem Monat +14 bis +16 °C und des kältesten Monats, des Januar –3 bis –5 °C.

Bisher wurden mehr als 1000 m² der Fundstelle freigelegt. Dabei erschien ein relativ schmaler, nur 10 m breiter Streifen mit dicht gelagerten Tierknochen, der sich parallel zum Ufer über die freie Stelle hinwegzog. Außerhalb davon löste sich diese Lage schnell auf, und es kamen nur noch einzelne Knochenfunde vor. Die meisten Knochen stammen von Wildpferden. Sie umfassen zahlenmäßig mehr als 90% der gesamten Knochenanreicherung. Der Rest entfällt auf Bison, Wildesel und Rothirsch. Hier zeigt sich zum ersten Male beim

78 Schöningen. Ein Wurfspeer, der aus einem Fichtenstämmchen geschnitzt wurde, wird in der Torfschicht freigelegt.

frühen Menschen eine sehr deutliche Spezialisierung im Sinne einer gezielten Jagd auf ein bestimmtes Wild, in diesem Falle – bedingt durch die Verhältnisse in der Steppe – auf ein in Herden zahlreich vorkommendes Tier der offenen Landschaft, das Wildpferd.

Unter den Wildpferdresten fallen vor allem vollständige, nicht zerschlagene Schädel mit Unterkiefern, Wirbeln und Rippen auf. Auch Schulterblätter und Becken kommen zahlreich in vollständiger Erhaltung vor. Gar nicht häufig und demzufolge unterrepräsentiert in bezug auf die Anzahl der Individuen, auf die die vorhandenen Reste zurückgehen, sind die Knochen fleischreicher Extremitätenteile. Häufiger sind wieder die Knochen, wie Mittelfußknochen und Fußknochen, an denen sich kaum Fleisch gewinnen ließ. Zerschlagene Knochen, die auf Markentnahme verweisen, kommen – im Vergleich zu den Abfallhaufen an Lagerplätzen – ebenfalls nur in geringen Mengen vor. Zwischen den Knochen lagen noch die Tranchiermesser – Schaber und Messer aus Feuerstein mit einseitig flach retuschierten Schneiden oder den scharfen Abschlagkanten. Dazu kommen noch die kleinen flachen Retuschierspäne, die beim Nachschärfen der Geräte entstanden, sowie die knöchernen Retuscheure. Ähnliche Gerätetypen kennen wir bereits aus dem Geräteinventar aus Feuerstein vom Bilzingslebener Lagerplatz.

Der ganze Befund läßt erkennen, daß die erbeuteten Tiere zu dieser Stelle am Seeufer gebracht oder auch hier erbeutet wurden, einmal, da es sich um einen offenen freien Platz handelte, zum anderen, da die Wassernähe offensichtlich eine große Rolle spielte. Hier wurden die Tierkörper zerlegt. Unbrauchbare Teile wurden zurückgelassen, die fleischreichen Teile aber zu anderen Aufenthaltsplätzen abtransportiert. Einige Feuerstellen mit intensiv rot verfärbtem Untergrund lassen erkennen, daß der Aufenthalt auf diesem Platz nach erfolgreicher Jagd doch längere Zeit beanspruchte. Das erklärt auch den Anteil an zerschlagenen Tierknochen als Speiseabfall, der bei diesen längeren Aufenthalten notwendigerweise entstand.

Die Jagdwaffen des frühen Menschen

Das aufregendste Ereignis dieser Grabung aber sind die hölzernen Jagdgeräte. Holz hat sich wie andere Pflanzenreste im Torf gut erhalten. Interessant und zugleich wichtig für unsere Interpretation ist der Umstand, daß im Torf dieser Uferstelle natürlicherweise keine Holzreste vorkommen. Die Zeit nach dem Trockenfallen des Uferstreifens hatte nicht für das Keimen und den Wuchs von Bäumen oder größeren Sträuchern ausgereicht. Hölzer aus der Umgebung durch Verdriften oder Verfrachten direkt vom Uferwald her wurde

79 Schöningen. Die Spitze eines Speeres aus Fichtenholz zeigt deutlich die sorgfältige Bearbeitung.

durch dichte Schilfbestände verhindert. So sind die spärlichen Holzfunde, die bisher auftraten, alle artefiziell bedingt. In erster Linie handelt es sich um zwei Wurfhölzer und sieben Speere. Die letzten wurden am 29. 5. und am 18. 6. 1997 geborgen. Weitere sind zu erwarten. Die Wurfhölzer bestehen aus Fichtenästen, sind leicht gebogen, etwa 75 cm lang und an beiden Enden sorgfältig zugespitzt. Die Speere bestehen gewöhnlich aus Fichtenstämmchen, nur einer ist aus dem Stämmchen einer Kiefer angefertigt worden. Während einer relativ dünn und nur 160 cm lang ist, erreichen die anderen eine Länge von mehr als 200 cm. Eine Länge von 230 cm scheint üblich zu sein. Einer der letzten Funde weist sogar eine Länge von 260 cm auf. Die größte Dicke dieser Jagdgeräte liegt dicht unter ihrer Mitte zur Spitze hin und beträgt 4,5 bis 6 cm. Von hier aus verjüngen sie sich zum hinteren Ende, wobei der natürliche Wuchs der Stämmchen ausgenützt werden konnte und nur die Seitensprosse sorgfältig entfernt wurden. Von der Mitte zur Spitze wurden die Speere aber durch Schnitzen und Schaben sehr regelmäßig nadelartig zugespitzt. Das untere Ende der mehr als 4 m hohen Stämmchen muß an jener Stelle, wo die Spitze herausgearbeitet wurde, einen Durchmesser von 10 cm und mehr besessen haben! Daraus ist der Arbeitsaufwand zu ermessen, der zur Herstellung der Jagdwaffe mit Hilfe von Feuersteingeräten notwendig war. Hieraus ist auch der hohe individuelle Gebrauchswert einer solchen Waffe zu ersehen. Die Spitze, die jeweils ganz dünn ausläuft, liegt immer neben der Markröhre und ist relativ hart. An einem experimentell hergestellten Speer aus einem frischen Fichtenstamm mit den genannten Ausmaßen ließ sich feststellen, daß beim anschließenden Trocknen die Spitze sehr hart wurde und gut geeignet erschien, auch dickere Häute als diejenigen von Pferden, Wildrindern und Hirschen bei genügend Druck zu durchdringen. Nach ihrer projektilartigen Form handelt es sich um Speere, die geworfen werden konnten. Sicherlich wurden sie auch als Stoßlanzen benutzt.

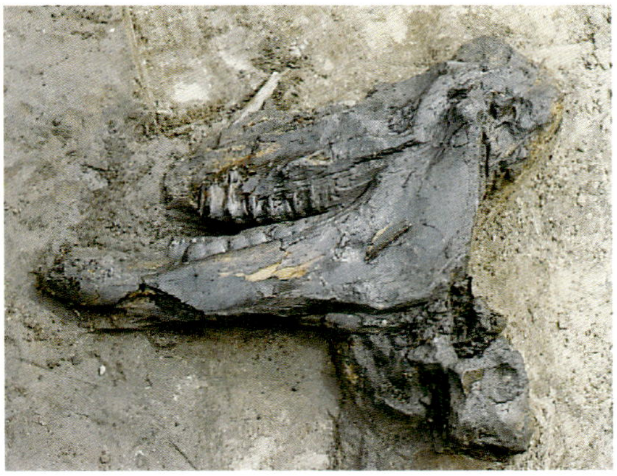

80 Schöningen. Rest der Jagdbeute, die am Seeufer zerlegt wurde: der Schädel eines Wildpferds.

Es fragt sich, warum diese wertvollen Geräte auf dem Zerlegungsplatz zurückblieben. Es ist anzunehmen, daß sie bei der Jagd zerbrachen oder zumindest Bruchstellen erhielten. Solche sind auch an diesen Geräten festzustellen – abgesehen von Beschädigungen durch Sedimentbewegungen. Allein durch Sedimentdruck konnten diese Brüche im Holz nicht entstehen, da die Geräte elastisch reagierten. Es muß angenommen werden, daß der Verschleiß derartiger aus Holz angefertigter Jagdwaffen verhältnismäßig hoch war und ständig neue Speere und Wurfhölzer hergestellt werden mußten.

Hinweise auf Holzgeräte gab es auch in der Fundschicht aus dem Optimum der Warmzeit (Schöningen II/1). Diese ist genauso alt wie der Fundhorizont von Bilzingsleben. Es waren einige kurze Tannenholzstücke, deren Enden angekerbt waren. Wahrscheinlich handelt es sich um Holzgriffe, in die scharfe Silexabschläge eingeklemmt werden konnten.

Der Befund des Lagerplatzes von Bilzingsleben und das mit seiner Hilfe ermittelte Lebensbild kann durch die am See von Schöningen erschließbaren Jagdgewohnheiten des Homo erectus und die damit verbundenen Gerätschaften um wesentliche Züge bereichert werden. Beide Fundstellen haben zur Zeit für die Kenntnis der Kultur des frühen Menschen vorrangige Bedeutung.

Umwelt, Wild und Jäger vor 200 000 Jahren: der archaische Homo sapiens

81 Der archaische Homo sapiens: Schädel von Steinheim an der Murr. Etwa 300 000 Jahre alt.

Der archaische Homo sapiens, der auf den späten Homo erectus um 300 000 vor heute direkt folgte und wahrscheinlich noch mit ihm in Mitteleuropa gleichzeitig auftrat, hatte mindestens die gleiche geistige und sozio-kulturelle Stufe erreicht, wie wir sie mit Hilfe der oben beschriebenen Fundstellen für den Homo erectus erschließen können. Einzelbefunde liegen uns vor, so Hinweise auf Wohnbauten aus der Lazarethöhle im Stadtgebiet von Nizza, wo auch ein menschliches Scheitelbein gefunden wurde, und aus dem Löß von Rheindahlen, weiter die Hinweise auf Lagerplätze im Travertin von Ehringsdorf bei Weimar mit umfangreichen Resten der steinzeitlichen Kultur, mit Feuernutzung, Steinbearbeitung, Zerlegung und Verbrauch der Jagdbeute. Noch fehlt es bisher an einschlägigen Befunden in dem Erhaltungszustand und der Vielfalt, wie das die Fundstellen von Bilzingsleben und Schöningen vermitteln. Die Entwicklungshöhe der Technologie steht der des späten Homo erectus in nichts nach. Allein die Anwendung der sogenannten Levalloistechnik, die vom archaischen Homo sapiens weiterentwickelt und in vielen Fällen effektiv abgewandelt wurde, und die zunehmende Standardisierung der Geräte lassen das erkennen. Die Inventare von Markkleeberg und Eythra im Elster-Pleißetal südlich von Leipzig, die schon genannt wurden und ein Alter von etwa 280 000 Jahren haben müssen, aber auch jene mit Markkleeberg form- und zeitgleichen Inventare aus dem Gebiet von unterer Mulde, Saale und Elbe sowie aus dem westlich anschließenden Niedersachsen, wie Delitzsch-Zwochau, Breitenfeld, Magdeburg und Umgebung, Bertingen und der Öhring nördlich von Salzwedel, bezeugen das. Die Levalloistechnik ist die Technik des präparierten Kerns zur Gewinnung von Abschlägen, die in ihrer Form in der Zielvorstellung des Steinschlägers vorprogrammiert waren. Die »Kultur«, zu der die genannten Fundstellen gehören, ist die des entwickelten Acheuléens.

Wie die Entwicklung der Steingerätetechnik weiterlief, zeigen uns Fundkomplexe aus einer Warmzeit, die zwischen Saale- und Warthevereisung einzuordnen ist und ein Alter von etwa 200 000 Jahren hat. Das sind z. B. Fundstellen wie Maastricht-Belvedere in Holland und Ehringsdorf bei Weimar. Die Bearbeitung wurde weiter verfeinert, eine Vielfalt von Formtypen hervorgebracht, die in hoher Meisterschaft ein- und beidflächig bearbeitet worden sind und fein retuschierte Kanten tragen. So liegt eine Fülle von faustkeilartigen Geräten, von Keilmessern, Scha-

82 Eythra bei Markkleeberg südlich von Leipzig. Fundpfleger zeigten anläßlich einer Exkursion im Tagebau ihre Ausbeute aus den frühsaalezeitlichen Schottern der Elster und Pleiße: Faustkeile und Schaber aus Feuerstein und Quarzit.

83 Der Tagebau Neumark-Nord westlich von Merseburg im Geiseltal. Blick auf die Sedimentfolge eines warmzeitlichen Sees: Dunkelgraue Schluffmudden werden von weißen Kalkmudden überlagert.

bern und Spitzen vor. Dazu kommen bereits aus schmalen Klingenabschlägen gefertigte Spezialgeräte. West- und Südeuropa erbrachten aus dieser Zeit des frühen Mittelpaläolithikums zwischen 300 000 und 130 000 Jahren vor heute eine ganze Reihe von Fundstellen des mittleren und späten Acheuléens mit den geschilderten Erscheinungen und Geräten einer hoch entwickelten Technik der Steinbearbeitung, gewiß auch der Bearbeitung von organischen Rohstoffen und der Herstellung einer Vielfalt von Gerätschaften aus diesem Material, das leider nicht erhalten blieb. Insgesamt läßt sich eine Weiterentwicklung von planvollem Verhalten und damit verbundenen fest umrissenen Zielvorstellungen erschließen, die nicht nur allein durch die Funktion und das physikalische Verhalten des bearbeiteten und benutzten Gesteins, sondern auch durch Tradition und Intellekt bestimmt wurden.

Die Fundstellen zeigen uns noch die gleichartigen Methoden der Nahrungsgewinnung durch Sammeln von pflanzlicher und tierischer Nahrung in der wärmeren Jahreszeit – die Fundhorizonte von Ehringsdorf haben z. B. Wildäpfel und Kornelkirschen überliefert – sowie vor allem durch die Jagd. Mit Sicherheit wurden die gleichen Jagdwaffen benutzt, wie sie für den Homo erectus vor 370 000 Jahren in der sumpfigen Niederung von Schöningen nachgewiesen werden konnten. Eine solche wichtige Erfindung, die für Schöningen und Bilzingsleben bereits mehrere Jahrhunderttausende Tradition hatte, ging nicht wieder verloren. Im Gegenteil: Sie wurde eher weiterentwickelt und spezifiziert. Die Großwildjagd wurde weiter ausgeübt. Ähnlich wie in der vorangegangenen Periode, wurde in der Regel eine gezielte Jagd auf mehrere bevorzugte Wildarten durchgeführt. Sicherlich gab es jetzt mitunter auch die ökonomischen Anpassungserscheinungen unter den Zwängen anderer Klima- und Lebensraumbedingungen, wie wir sie in Schöningen II/4 beobachteten. Im letzten Jahrzehnt gelang es uns, in einem Tagebau des einstigen Braunkohlereviers im Geiseltal westlich der Saale bei Merseburg, im Tagebau Neumark- Nord, ein einzigartiges warmzeitliches Ökosystem mit der Tier- und Pflanzenwelt sowie den Aktivitäten der mittelpaläolithischen Jäger, die sich hier vor etwa 200 000 Jahren aufhielten, zu erfassen. Die Ergebnisse zur Umwelt und zum Jagdverhalten des Menschen sind in gleicher Weise für die vorausgegangene Periode mit dem späten Vertreter des Homo erectus wie für das Mittelpaläolithikum mit dem frühen Vertreter des Homo sapiens von großer Bedeutung.

Der See von Neumark-Nord im Geiseltal

Das Geiseltal im östlichen Harzvorland entstand durch Auslaugung des Steinsalzes im Untergrund und die damit verbundene Absenkung der triassischen Deckschichten. Diese treten als

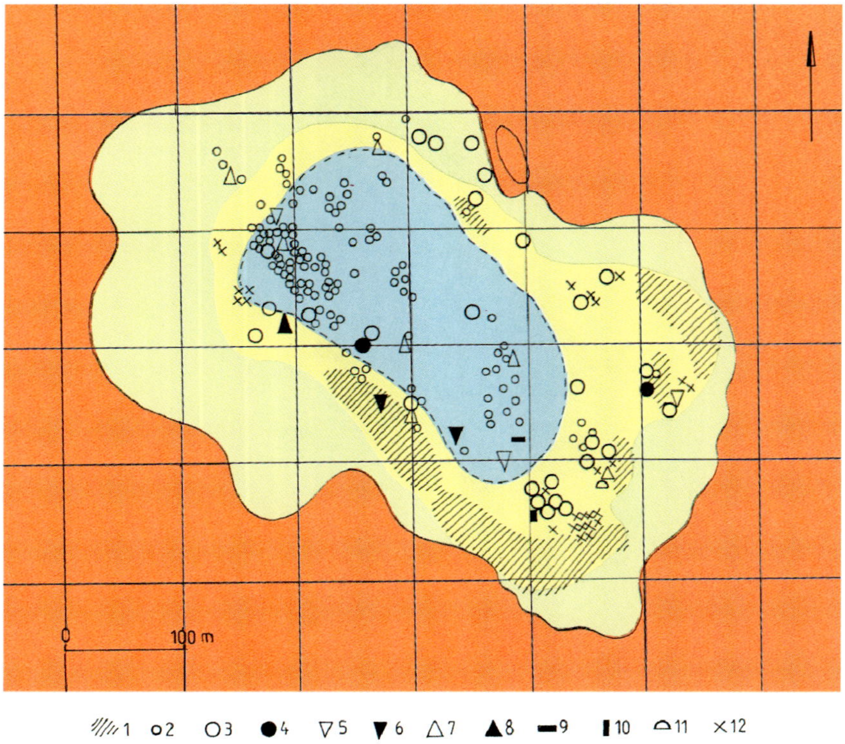

84 Der interglaziale See von Neumark-Nord während der Eichenmischwaldzeit. Blau: stehendes Gewässer. Gelb: mehr oder weniger offene, teils sandige, teils anmoorige Uferzone. Grün: überwiegend Ufergehölz und Buschwerk. Orange: Hochflächen der Umgebung mit Eichen-Steppenwald. – 1 Verbreitung von Feuersteinartefakten, zerschlagenen Tierknochen und Holzkohlen, 2 Skelette von Dam- und Rothirschen, 3 Skelette und Knochenfeld von Waldelefanten (z.T. vom Bagger zerstört), 4 Elefantenskelett mit menschlichen Einwirkungen, 5 Funde von größeren Nashornresten, 6 Nashornskelett, wahrscheinlich Schlachtplatz, 7 Skelette von Auerochsen, z.T. vom Bagger zerstört, 8 Skelett vom Auerochsen, Schlachtplatz, 9 zerstörtes Skelett vom Bison, 10 Skelett vom Löwen, 11 Rest vom Riesenhirsch, 12 Stoßzahnfunde.

Querfurter Muschelkalkplatte südwestlich und als Merseburger Buntsandsteinschwelle nordöstlich des Geiseltals an die Oberfläche. Die Senke dazwischen wurde im Laufe des Tertiärs mit mächtigen Braunkohleflözen und Sanden gefüllt. In den tropischen Sümpfen und ihrer Umgebung lebte im Eozän eine artenreiche Wirbeltierfauna, deren fossile Überreste das Geiseltal weltberühmt gemacht haben. Aber auch im Eiszeitalter bewirkte die Absenkung des Untergrundes die Ablagerung mächtiger Sedimentserien. So blieben die Ablagerungen mehrerer fennoskandischer Inlandeisvorstöße, wie Bändertone aus Eisstauseen, Schmelzwassersande und Grundmoränen, erhalten. Die glazigenen Serien wechselten mit den Schottern von Saale, Geisel und auch der Unstrut, die in der Zeit zwischen Elster- und Saalevereisung nicht wie heute bei Freyburg und Naumburg in die Saale mündete, sondern von Freyburg aus nach Norden durch das Tal der Geisel, westlich an Merseburg vorbei, zur Saale floß. Eine Gletscherzunge der Saalevereisung stieß bis in die Gegend von Freyburg in dieses Unstruttal vor. Hier befand sich ein Gletschertor, vor dem das Schmelzwasser einen 100 m mächtigen Sandfächer, einen sogenannten Sander, aufschüttete, der das Tal verstopfte. Die Unstrut wurde gezwungen, sich einen anderen Weg zu suchen.

Die Verhältnisse nach der Saalevereisung bestimmten auch die Entstehung des Sees von Neumark-Nord. Er lag im nordöstlichen Teil des Geiseltalbeckens, in der Nähe der heutigen Ortschaft Frankleben, wurde durch den Tagebaubetrieb angeschnitten und von dem Geologen Matthias Thomae 1985 entdeckt. Hier lagert die etwa 8 m mächtige Grundmoräne der Saalevereisung weitflächig auf den Geisel-Unstrutschottern und bildet eine zusammenhängende Decke. Nach dem Abtauen des Gletscher- und Bodeneises sättigte sich die mächtige Kohle mit Bodenschmelzwasser, wurde dadurch plastisch und fließfähig und stieg unter der Belastung durch ihre Deckschichten an Schwächestellen auf. Dort wölbte sie Beulen und Rücken auf, zwischen denen sich tiefere Becken bildeten. Ein solches Becken auf der undurchlässigen Grundmoränendecke wurde mit Wasser gefüllt. Es entstand der Grundmoränensee von Neumark-Nord. Er entwickelte sich vor allem in einer warm-gemäßigten Klimaperiode, die die weitere Sedimentation im Seebecken und die Entwicklung einer warmzeitlichen Pflanzen- und Tierwelt bestimmte. In Verbindung mit weiterer Absenkung des Untergrundes wurden etwa 15 m mächtige Seesedimente abgelagert. Danach wurde der Rest der flachen Senke unter wiederum kaltzeitlichen arktischen Bedingungen gefüllt. Nun bildete sich eine Sedimentfolge, die für die erdgeschichtliche Einstufung der Seeablagerungen von Bedeutung ist. Während einer ersten Kaltzeit wurde die Senke teils mit Lößstaub zugeweht, teils mit Fließlöß und Fließerden auf dem Wege des Bodenfließens, das für arktische Auftauböden charakteristisch ist, von den Rändern her gefüllt. Auf dieser unteren, etwa 6 m mächtigen kaltzeitlichen Folge bildete sich unter Staunässebedingungen der Senke ein schwarzer Humusboden. In ihm verbirgt sich offensichtlich die letzte Warmzeit. Über ihm folgten ein zweiter Humusboden, der in einer Wärmeschwankung zu Beginn der letzten Eiszeit (Weichseleiszeit) entstand, und eine obere kaltzeitliche Serie aus 5 bis 6 m mächtigen Lössen, die unter den kalt-trockenen Bedingungen in den Steppen der Weichseleiszeit aufgeweht wurden. Da die Seeablagerungen jünger sind als die Saalevereisung, auf deren Grundmoräne sie liegen, kann die untere kaltzeitliche Serie auf den Seeablagerungen nur in der vorletzten Kaltzeit, das ist die Warthekaltzeit, gebildet worden sein.

So ordnet sich die Warmzeit mit ihren Seeablagerungen von Neumark-Nord zwischen die Saale- und Warthevereisung ein. Dieses Alter konnte auch mit Hilfe von Datierungen durch die Thermolumineszenzmethode bestätigt werden (P. Karelin, Heidelberg). Danach sind die Seeablagerungen aus der Warmzeit etwa 200 000 Jahre alt. Die unter den Seeablagerungen befindlichen

Schmelzwassersande haben ein Alter von 235 000, die Lösse der unteren kaltzeitlichen Serie vor 130 000 und jene Lösse der oberen Serie dicht über dem zweiten Boden von 70 000 Jahren. Mit der Warmzeit von Neumark-Nord liegt einer der wenigen Beweise für die Existenz eines Interglazials zwischen der Saale- und Warthevereisung vor. Es hat ein geologisches Alter von etwa 200 000 Jahren. Auch die Travertine von Ehringsdorf gehören in diese Zeit und nicht, wie trotz gegenteiliger geologischer und paläontologischer Indizien verschiedentlich auch heute noch angenommen wird, in die letzte Warmzeit vor 125 000 Jahren.

Von 1986 bis 1996 wurde das interglaziale Seebecken von Neumark-Nord beobachtet und untersucht. Aus den überaus fossilreichen Schichten konnten dabei umfangreiche Reste der ehemaligen Tier- und Pflanzenwelt geborgen werden. Das war oft nur mit Hilfe der Abbautechnik sowie der Mitarbeiter des Tagebaus möglich, deren Aufmerksamkeit und Hilsbereitschaft die meisten größeren Funde zu verdanken sind. Die Fülle und Vielfalt der Funde wird noch bereichert durch zahlreiche Hinweise auf die Anwesenheit des mittelpaläolithischen Menschen, der sich hier vor allem einfand, um dem Wild aufzulauern. Insgesamt läßt sich ein detailgetreues Lebensbild des Sees und seiner Umgebung, von seiner Tier- und Pflanzenwelt entwerfen. Dieses Lebensbild wird deshalb für uns so wichtig, weil es sich auch auf den Menschen bezieht. Ihn haben wir vorwiegend an Rast- und Lagerplätzen kennengelernt, aber noch nicht in seinen Jagdgründen.

Der See war 600 m lang und 400 m breit. Infolge der durch die Kohle verursachten Rücken und Beulen in der Grundmoränendecke war das Ufer unregelmäßig und bestand aus Buchten und halbinselartigen Vorsprüngen. Der See befand sich noch im Bereich des mittelpleistozänen Unstrut-Geiseltales. Dessen breite Ebene schloß sich südlich des Seebeckens an. Zu dieser Niederung hin entwässerte der See. Insgesamt war die Landschaft in der Umgebung relativ flach. Sie erhob sich nur nordwestlich und nördlich allmählich zu einem 30 bis 50 m höher als die Niederung liegenden welligen Plateau. Die südlich gelegene Landschaft war durchschnittlich niedriger. Im westlichen Geiseltalbecken rückten die Hochflächen näher zusammen. Sie wurden von Westen her von der Geisel durchschnitten, die wie heute ihren Ursprung in einer aufsteigenden Karstquelle am Rande der Muschelkalkstufe hatte.

So präsentiert sich der See von Neumark-Nord als ein relativ flaches Gewässer am Rande einer breiten Niederung. Seine Ufer waren flach. Die große Mächtigkeit der Seesedimente geht nicht auf ein sehr tiefes Becken zurück, das allmählich aufgefüllt wurde, sondern darauf, daß der Grund des flachen, wahrscheinlich maximal 5 m tiefen Gewässers, während der Sedimentation weiter absank. Die Sedimentation glich laufend die Absenkungsbeträge aus.

Eine Stagnation dieses Prozesses oder eine Absenkung des Wasserspiegels infolge der Vertiefung des Seeabflusses zur Geisel erzeugte im Becken eine 100 bis 150 m breite und flache Uferzone, die sich rings um den See zog. Diese Zone muß mindestens 250 Jahre bestanden haben. Das bezeugen der schwarze Anmoorboden, der sich auf ihr bilden konnte, sowie in ihm wurzelnde Stümpfe großer und starker Bäume eines teilweise dichten Ufergehölzes, deren umgebrochene Stämme mit bis über 50 cm Dicke etwa so viele Jahresringe hatten. Bäche trugen von den Seerändern her sandige Sedimente auf diese Uferzone ein. Sie wurden während der späteren Überflutung durch Wellenschlag zu einer 25 bis 50 cm mächtigen Schicht aus Muddesanden und Sandmudden gleichmäßig über die ganze Uferfläche verteilt. Nachdem darüber eine sandige, an Pflanzenresten reiche Mudde abgelagert wurde, kam es nochmals zur Bildung eines breiten sandigen Uferstreifens. Doch dauerte diese Phase nur einige Jahre, denn es entstanden weder Anmoor noch Uferwald. Beide Uferzonen gehören in die Zeit des klimatischen Höhepunktes der Warmzeit. Die untere ist auf Grund ihres langen Bestehens außergewöhnlich fossilreich und vom Menschen begangen und dar-

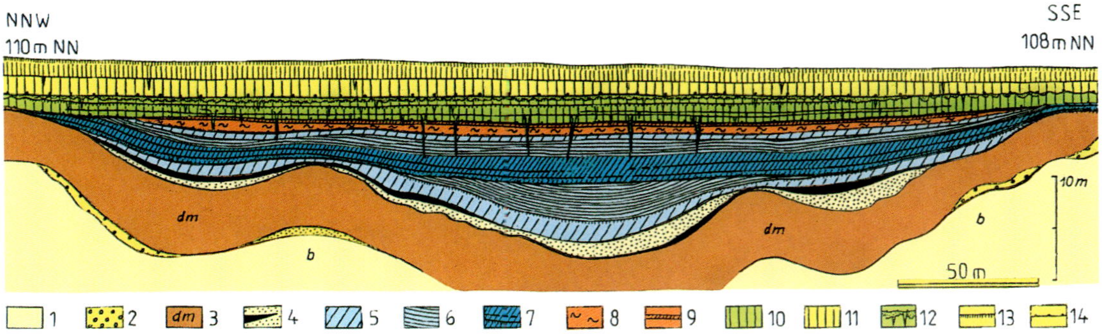

85 Schnitt durch die Ablagerungen des interglazialen Sees von Neumark-Nord und seine Deckschichten. 1 tertiäre Sande und Braunkohlen, 2 Flußschotter, 3 Grundmoräne der Saalevereisung, 4 Schmelzwassersande und Bändertone (schwarz), 5 Beckenschluffe, 6 untere und obere fein geschichtete Mudden, 7 mittlere Mudde mit Uferzonen (schwarze Bänder), 8 Umlagerungshorizont, 9 oberster Grobdetritus-Torfhorizont, 10 untere Lößfolge, 11 obere Lößfolge, 12 Froststrukturen, 13 Böden, 14 Abtragungsflächen.

um auch für uns der wichtigste Horizont. Doch verraten einzelne Funde und Spuren aus den Seeablagerungen unter und über den Uferhorizonten, daß sich der mittelpaläolithische Jäger auch während der vorangegangenen und nachfolgenden Phasen der Warmzeit am Seeufer aufgehalten hat.

Die Entwicklung von See und Pflanzenwelt

Die Untersuchung der Pollen aus den Seeablagerungen läßt eine Rekonstruktion der jeweils herrschenden allgemeinen Vegetationsverhältnisse und der Vegetationsentwicklung zu. Diese wurde durch die Klimaentwicklung der Warmzeit gesteuert, wie sie auch die Ausbildung der Seeablagerungen geprägt hat.

Während die saalezeitlichen Gletscher abschmolzen und in Eisblöcke zerfielen, bildeten sich auf der Grundmoräne Schmelzwasserseen, in denen Sande und sogenannte Bändertone abgelagert wurden. Ihre Bänderung bzw. Schichtung ging auf unterschiedlichen jahreszeitlichen Stofftransport durch das Schmelzwasser zurück. Insgesamt ließen sich siebzig bis achtzig solcher Schichten oder »Warven« als Zeitmaß für die Ablagerungsdauer der Bändertone auszählen. Aus diesen gingen ungeschichtete Beckenschluffe hervor.

86 Die Mudden zeigen eine millimeterdünne Jahresschichtung.

Nach oben stellte sich immer mehr ein organogener Sedimentanteil ein, auch in Form von gröberen Pflanzenresten, so von Polarsträuchern, von Gräsern und Moosen. Sie zeigen uns, daß die vom Eis freigegebene Landschaft wieder von Pflanzen besiedelt wurde. Außer den Zwergstrauchheiden mit Polarweiden und Zwergbirken, den ausgedehnten Seggenwiesen und Wollgrassümpfen in den Niederungen, Dellen und Becken entwickelten sich kräuterreiche Wiesensteppen auf den umgebenden höheren Flächen, Hängen und Hügeln. Nach Aussage der Pollen enthielten sie außer den Süßgräsern vor allem Licht und Sonne liebende Kräuter; unter ihnen fallen das Sonnenröschen, der Beifuß, Gänsefußgewächse, Wiesenraute, Lippenblütler, Korbblütler, Doldengewächse und andere Kräuter auf.

In diese Landschaft wanderten mit zunehmender Erwärmung die ersten Bäume ein. Es entstanden Birkenwälder. Dichte Weidengebüsche breiteten sich in den sumpfigen Niederungen und entlang der Bäche und Flüsse aus. Auf trockenen Standorten stellten sich Sanddorn und Wacholder ein. Zögernd breiteten sich auch Kiefern aus. Nun änderte sich auch die Sedimentation im Seebekken. Es bildeten sich gering mächtige, an pflanzlichem Detritus, vor allem Grasresten, reiche Mudden. Aus ihnen gingen 3 m mächtige, kalkhaltige Schluffmudden hervor. Ähnlich wie die Bändertone waren auch sie jahreszeitlich geschichtet, also »gewarvt« (»Untere gewarvte Feindetritusmudde«). Millimeterdünne, dunkelgraubraune tonigschluffige Winterschichten wechselten mit ebenso dünnen, hellen gelblich-weißen Kalkmuddeschichten des Sommers ab.

Eine Birken-Kiefernzeit wurde jetzt von einer Kiefernzeit abgelöst. In die noch mit Birken durchsetzten Kiefernwälder wanderten die ersten wärmeliebenden Gehölze ein, wie Eiche und Ulme. Es entwickelten sich Kiefern-Eichenwälder mit Ulme, Ahorn und zunehmend Haselsträuchern. Auf den Schichtflächen der Mudden blieben zahlreiche chlorophyllhaltige Blätter dieser Bäume und Sträucher zurück (Kiefern-Eichenmischwaldzeit). Die Pollenanalysen lassen erkennen, daß bis in diese Zeit noch großflächige offene, wiesensteppenartige Biotope bestanden haben. Darauf deuten hohe Pollenwerte von Süßgräsern, Beifußgewächsen und anderen Steppenpflanzen. Nach der Auszählung der Jahresschichten entfallen etwa 800 Jahre auf die Birken-Kiefernzeit und 2200 Jahre auf die Kiefern-Eichenmischwaldzeit.

Anschließend wurden bis 3 m mächtige sandige, zur Beckenmitte hin zunehmend schluffige Mudden mit hohem Anteil an pflanzlichem Detritus abgesetzt. Das Schichtpaket der Abfolge weist im Mittelteil des Beckens auch eine jahreszeitliche Schichtung auf. Daraus ließ sich eine Sedimentationsdauer von 2250 Jahren ermitteln. Etwa so lange dauerte auch die Eichenmischwaldzeit, die das klimatische Optimum der Warmzeit charakterisiert. In diese Mudden sind die beiden Uferzonen eingebettet. Jetzt herrschten Eichenmischwälder vor. Zuerst kam es zur Massenausbreitung der Eiche in diesen Wäldern, indem die Kiefern zurückgedrängt wurden (Eichenzeit). Der Eiche folgte die starke Ausbreitung der Hasel. Zugleich nahmen Fichte, Erle, Esche, Ahorn und vor allem die Eibe an Häufigkeit zu. Die Eibe erreichte ihre optimale Ausbreitung noch vor derjenigen der Hasel (Eichen-Hasel-Eibenzeit). Ahorn war sehr häufig, auch in der folgenden Phase, die durch die erneute Ausbreitung der Ulme und die optimale Ausbreitung der Linde gekennzeichnet war (Eichen-Hasel-Lindenzeit). Jetzt wurden Hainbuchen immer häufiger. Auffallend ist, daß wie zuvor selbst in dieser Zeit der optimal entwickelten Laubmischwälder noch hohe Pollenanteile von Gräsern und Kräutern vorkommen, auch von Steppenpflanzen. Wiederum waren es Beifuß, Gänsefußgewächse, Wiesenraute, Labkraut, Mädesüß, Dolden- und Nelkengewächse, Korb- und Lippenblütler sowie Heidekraut. Sie deuten darauf hin, daß noch größere Teile der bewaldeten Landschaft durch offene Flächen unterbrochen waren.

Nun folgte die Ablagerung einer oberen, 2 bis 2,5 m mächtigen Feindetritusmudde, die aus zahlreichen dünnen Tonmudde- und Kalkmuddewarven aufgebaut war und eine Fülle von Blättern und Früchten auf ihren Schichtflächen enthielt. Ihre Sedimentationsdauer betrug nach diesen Jahresschichten etwa 2500 Jahre. Die Mudde war identisch mit der Hainbuchenzeit. Zunächst breiteten sich die Hainbuchen in ulmen- und lindenreichen Eichenmischwäldern aus. Danach entwickelten sich umfangreiche Hainbuchenwälder, in denen die Arten des Eichenmischwaldes mehr und mehr zurückgedrängt wurden, während die Tanne sich ausbreiten konnte (Hainbuchen-Tannenzeit). In den verschiedenen Entwicklungsphasen des Eichenmischwaldes bis hin in die letzte Phase der Hainbuchenwälder traten zahlreiche wärmeliebende südliche Elemente auf. Das waren Liguster, Efeu, Ilex, Buchsbaum, Mistel, Wolliger Schneeball, das Sandröschen (Tuberaria) und der Rispenfarn (Osmunda). Sie kennzeichnen das klimatische Optimum der Warmzeit. Nach Überschreiten des Höhepunktes verschwanden alle diese Arten. Nur wenige Jahrhunderte danach ver-

87 Ausschnittvergrößerung der Jahresschichten einer Mudde.

schwanden auch die Hainbuchenwälder mit den letzten Eichen und Ulmen sowie der Tanne.

Erneut entstanden Kiefern-Fichtenwälder (Kiefern-Fichtenzeit). In dieser Phase bildeten sich im Seebecken Schluff- und Sandmudden – auch ein Hinweis darauf, daß in der Umgebung des Seebeckens die Wälder aufgelichtet wurden und Abtragungsvorgänge verstärkt wieder wirksam werden konnten. Bäche und Schichtfluten bei stärkeren Regenfällen trugen die grobkörnigen Sedimente ein. Im Pollenniederschlag ließ sich dieser Prozeß auch erkennen, denn Gräser und Offenlandarten unter den Kräutern nahmen an Häufigkeit wieder stark zu. Diese durch Abkühlung gekennzeichnete Phase führte vorübergehend zur Zurückdrängung der Wälder und zu verstärkter Abtragung. Nun entstand im Seebecken, dessen Wasserspiegel gleichzeitig absank, ein 2,5 m mächtiges Paket aus umgelagerten Mudden und Ufersedimenten. Der Pollenniederschlag zeigte das Vorherrschen von Birken gegenüber Kiefern in einer waldarmen, mehr offenen Landschaft an (Kiefern-Birkenzeit).

Doch führte eine Erwärmung, die allerdings nicht von langer Dauer war, wieder zu borealen, aber kontinentalen Verhältnissen mit einer letzten Ausbreitung von Kiefernwäldern mit Birken, Fichten und Erlen. Die offenen wiesensteppenartigen Landschaften und Heiden blieben weiträumig erhalten. Für sie war eine Fülle von Gräsern und Kräutern typisch, die in der wärmeren Jahreszeit bunte Blütenteppiche hervorbrachten. Es kamen zahlreiche Arten und Pflanzensippen der offenen Landschaft vor, wie sie wiederholt genannt wurden.

Einige Hundert Jahre später stellten sich endgültig kaltklimatische Verhältnisse ein. Kiefern und Birkenbäume verschwanden weitgehend bis auf kleine Bestände an günstigen Standorten. Subarktische bis arktische Steppen und Tundren herrschten wieder vor. Weiden breiteten sich in den Niederungen aus, ebenso Wacholder und Sanddorn auf trockenen Stellen (Steppenzeit). In

88 **Fossile chlorophyllhaltige Blätter aus den Mudden von Neumark-Nord. Von links nach rechts: zwei Eichenblätter, Hainbuchenblatt (darunter: rezente Blätter der Hainbuche) und Feldahornblatt.**

der Seeniederung kam es zur Vermoorung, was die starke Zunahme von Torfmoossporen und Seggenpollen anzeigt. In großem Umfange fanden jetzt wieder Umlagerungsvorgänge in der Umgebung des Seebeckens statt.

Bei Berücksichtigung der ausgezählten Jahresschichten umfaßte die Warmzeit von Neumark-Nord insgesamt 8000 Jahre. Für diese Zeit geben die Pollenanalysen die allgemeine Vegetationsentwicklung, vor allem die des Waldes, wieder. Sie lassen aber kaum direkte Aussagen über die Zusammensetzung der Standorte zu, aus denen die Proben stammen. Entsprechende Aussagen lassen sich aber mit Hilfe der Großreste von Pflanzen, die sich in vielen Fällen in den Mudden, Muddesanden und Torfen erhalten haben, gewinnen. Dasselbe ist mit den Molluskengesellschaften aus den verschiedenen Horizonten möglich. Dabei interessiert uns wieder besonders die untere Uferzone.

In den Muddesanden beider Uferzonen und den zugehörigen Sandgrobdetritusmudden der Eichenmischwaldzeit, in die sie eingebettet waren, kamen in großen Mengen pflanzliche Großreste bis hin zu Stümpfen und Stämmen von Bäumen vor. Unter den Samen und Früchten konnten von Dieter-Hans Mai (Berlin) allein bei vorläufigen Untersuchungen über 150 Arten festgestellt werden. Damit ist diese Flora eine der reichsten, aber auch bemerkenswertesten Früchte- und Samenfloren Mitteleuropas, denn allein 45% aller Arten haben heute osteuropäische, westasiatische und pontische Verbreitungsgebiete. Sie sind der heutigen Flora in Mitteleuropa weitgehend fremd. Einen hohen Anteil der Arten stellen außerdem typische Steppenarten dar.

Die auffälligste Art ist der Tatarenahorn (Acer tataricum). Als soziologische Kennart der pontischen Florenregion prägt dieser Baum die fossile Vegetationsgemeinschaft der optimal entwickelten Phase der Warmzeit von Neumark-Nord. Nördliche Ausläufer von Acer tataricum kommen heute am Oberlauf des Don, westliche in der Westslowakei vor. Der Baum ist eine wichtige Art der Eichensteppenwälder, die heute nördlich des Kaukasus verbreitet sind. Er ist ein Indikator für subkontinentales sommerwarmes Klima. So verläuft auch die Nordgrenze seiner heutigen Verbreitung entlang der Sommerisotherme von +18,5 bis +19 °C. Neumark-Nord ist zugleich das westlichste nachgewiesene Vorkommen dieser Art. Auch hier war sie mit vielen Arten der Eichensteppenwälder (Aceri-tatarici-Quercion) verknüpft. Daraus lassen sich mehr oder weniger lockere, mit Gebüsch durchsetzte Wälder rekonstruieren, die auf dem höheren Ufer wuchsen und in der weiteren Umgebung auf den Hochflächen mit offenen Landschaftstypen abwechselten. Außer dem Tatarenahorn waren folgende Baumarten beteiligt: Stiel- und Traubeneiche (Quercus robur,

Qu. petraea), Feld-, Berg- und Burgenahorn (Acer campestre, A. pseudoplatanus, A. monspessulanum), ferner Esche (Fraxinus excelsior), Linde (Tilia platyphyllos), Ulme (Ulmus sp.) und Hainbuche (Carpinus betulus), aber auch der Wildapfel (Malus sylvestris). Typische Sträucher in diesen Gehölzen waren Weißdorn (Crataegus monogyna), Schlehdorn (Prunus spinosa), Hasel (Corylus avellana), Sauerdorn (Berberis vulgaris), Hartriegel (Swida sanguinea) und Wolliger Schneeball (Viburnum lantana). Neben allgemeinen Süß- und Sauergräsern wurden an Kräutern zahlreiche Arten nachgewiesen: Weißes Veilchen (Viola alba), Kriechender Günsel (Ajuga reptans), Schöllkraut (Chelidonium majus), Hohler Lerchensporn (Corydalis cava), Beerentaubenkropf (Cucubalus baccifer), Zypressenwolfsmilch (Euphorbis cyparissias), Walderdbeere (Fragaria vesca), Efeugundermann (Glechoma hederacea), Rauhes Johanniskraut (Hypericum hirsutum), Gemeiner Rainkohl (Capsana communis), Dreinervige Nabelmiere (Moehringia trinerva), Echte Sternmiere (Stellaria holostea), Wilder Dost (Origanum vulgare), Filzklette (Arctium tomentosum), Giftlattich (Lactuca virosa), Weißes Leimkraut (Silene alba), Brennessel (Urtica dioica), Verarmte Segge (Carex depauperata), eine weitere Segge (Carex pairaei) und Süßgräser.

Auf der Uferzone selbst wuchsen stellenweise diese Gehölze mit ihrer artenreichen Krautschicht, doch je nach Feuchtigkeit des Untergrundes herrschten einige Arten vor. So waren Erlen, Weiden und Pappeln häufiger. Stellenweise kamen Bruchwälder vor, wie Erlenbrüche, und die Weiden bildeten auf der versumpften inneren Uferzone mitunter dichte, z.T. mit Schilfrohr durchwucherte Bestände. Insgesamt war ein Schilfgürtel aus Schilf und Rohrkolben ausgebildet.

Die riesigen Mengen an Steinfrüchten der Schlehe deuten darauf hin, daß dieser Strauch nicht nur in den lichten Gehölzen der äußeren Uferzone häufig war, sondern auch außerhalb davon dichte Hecken und Gebüsche bildete, die stellenweise den Charakter eines »Dornbusches« annahmen. An anderen Stellen herrschten Weißdorn und Haselsträucher vor.

Deutlicher als in den Pollenproben deutet ein hoher Anteil von Steppenpflanzen auf offene wiesensteppenartige Biotope hin, die auf dem höheren Ufer bereits einsetzten und in die lichten trokkenen Wälder und Gebüschfluren der weiteren Umgebung eingestreut waren. So kamen Arten vor, die solche offenen Standorte als Federgrasflur (Astragalo-Stipion) kennzeichnen. Außer Astragalus (Tragant) und Stipa (Federgras) waren das Gelber Lauch (Allium flavum), Schnittlauch (Allium schoenoprasum), Saflor (Carthamus lanatus), Unechter Gänsefuß (Chenopodium hybridum), Wanzensame (Coriospermum orientale), Österreichischer und Gelber Lein (Linum austriacum, L. flavum), Sandesparsette (Onobrychis arenaria), Gemeine Eselsdistel (Onopordon acanthium), Pferdesesel (Seseli hippomarathrum), Fuchsrote Borstenhirse (Setaria pumila), Ackerspatzenzunge (Thymelaea passerina), Zwergschneckenklee (Medicago minima), Beifuß (Artemisia sp.), einige Sauergräser (z. B. Carex pairaei) und zahlreiche Süßgräser neben dem Federgras. Weitere Arten der offenen Fluren waren Gänsefußgewächse, Malvengewächse, Winde, Liliengewächse, Klee und Korbblütler. Diese Pflanzengemeinschaft zeigt wie heute in Asien und Osteuropa trockene Standorte mit Steppenwiesen, Karstheiden und ausgedehnten Grasfluren an. Auffällig ist, daß die meisten der angeführten Arten heute eine südosteuropäische und westasiatische Verbreitung besitzen. Wie der Tatarenahorn-Eichensteppenwald weisen sie auf den starken subkontinentalen Einfluß in Vegetation und Klima hin. Das bedeutet vor allem niederschlagsarme, trockene, sehr warme Sommer.

Andere trockene steppenartige Standorte waren durch ihren sandigen Untergrund geprägt. Hier gediehen Sandsteppenwiesen. In ihnen wuchsen kurzlebige, an sommerwarme Verhältnisse gebundene Steppengesellschaften aus Wanzensame, Vogelknöterich (Polygonum aviculare), Gemüseportulak (Portulaca olevacea), Niedriges Fingerkraut (Potentilla supina), Einjähriger Knäuel (Scleranthus annuus) und Fuchsrote Borstenhirse. Auch hier finden sich westasiatisch-osteuropäische Arten.

Weiter konnten einige Pflanzengesellschaften nachgewiesen werden, die durch besondere lokale Verhältnisse bedingt waren, wie ein hoher Stickstoff- und Salzgehalt im Boden oder im Wasser. So kommen Pflanzen vor, welche stickstoffhaltige versalzte Böden lieben. Sie bildeten die nach der Eselsdistel als Kennart benannte Gesellschaft der Onopordetalia. Sie setzte sich aus Eselsdistel, Filzklette, Weichhaar-Hohlzahn (Galeopsis pubescens), Klettenlabkraut (Galium aparine), Gemüseportulak, Krauser Ampfer (Rumex crispus), Echtes Eisenkraut (Verbena officinalis), Brennessel und Salatrapünzchen (Valerinella locusta) zusammen.

Diese Gesellschaft hatte Beziehungen zu Ruderalgesellschaften, die auf stark mit Stickstoff angereicherten Böden wachsen und für die Flora von Neumark-Nord eine überraschende Ausnahmeerscheinung sind, denn eigentlich sind sie heute in der Regel mit künstlich beeinflußten Biotopen verbunden. Zu ihnen gehörten Spreizende Melde (Atriplex patula), Brennessel, Weißer, Roter und Stinkender Gänsefuß (Chenopodium album, Ch. rubrum, Ch. vulvaria), Gemeine Pastinake (Pastinaca sativa) und Gänsefingerkraut (Potentilla anserina). Große Stickstoffansammlungen im Boden waren weniger durch die Bodenverhältnisse als durch äußere Einflüsse bedingt. Das war zum Beispiel bei der Ansammlung von Dung möglich. Für das Seeufer von Neumark-Nord bedeutet das die Annahme von Viehlagern beziehungsweise von Einständen an beliebten Stellen, die eine Zeitlang von großen Pflanzenfressern aufgesucht wurden, und wo ihre Exkrementansammlungen den hohen Stickstoffgehalt im Boden erzeugten.

Auffällig ist das Vorkommen von Salzwiesen

89 Fossile Früchte und Samen aus den Seeablagerungen von Neumark-Nord. Sie stammen vor allem von Eiche, Hasel, Ulme, Ahorn und Schlehe.

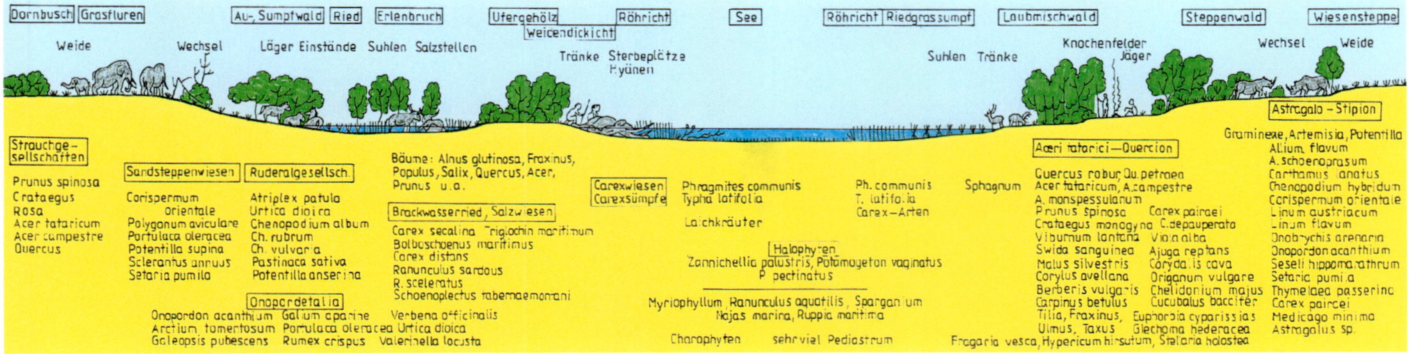

90 Zur Biotopgliederung des Sees von Neumark-Nord und seiner Umgebung auf Grund der paläobotanischen (D.-H. Mai 1990; 1992) und paläozoologischen Befunde. Deutsche Namen der Pflanzenarten im Text. Onopordetalia: durch Eselsdistel gekennzeichnete Gesellschaften stickstoffhaltiger und versalzter Böden.

und Brackwasserriedern in der Vegetation. Sie werden durch salzliebende Pflanzen belegt. Das waren Roggensegge (Carex secalina), Gemeine Strandsimse (Bolboschoenus maritimus), Entferntährige Segge (Carex distans), der Rauhe Hahnenfuß (Ranunculus sardous) und der Gifthahnenfuß (Ranunculus sceleratus), die Salzteichsimse (Schoenoplectus tabernaemontani) und der Stranddreizack (Triglochin maritimum). Salzwasseranzeigende Pflanzen kamen auch im See vor: das Scheidenblättrige Laichkraut (Potamogeton vaginatus), der Sumpfteichfaden (Zannichellia palustris). Zusätzlich erschienen die Brackwasserschnecke Hydrobia stagnorum, die auch heute an Binnensalzstellen vorkommt und im Brackwasser der Ostsee lebt, sowie Salzwasserostrakoden (Candona angulata, Heterocypris salinus). Der Salzgehalt des Seewassers ging offensichtlich auf Salzsoleeinfluß aus dem Untergrund zurück. Versalzte Böden und Sümpfe konnten zusätzlich auch infolge der subkontinentalen steppenartigen Bedingungen entstehen.

Die Aussage der Pflanzenfunde wird durch jene der Schneckenfaunen unterstützt. So enthielt die Uferzone neben einigen charakteristischen Arten, die in Laubmischwäldern leben, auch Arten, die an sommerwarmen steppenartigen Standorten vorkommen, so Chondrula tridens, Pupilla triplicata und Cepaea vindobonensis. Sie haben heute ihr Verbreitungsgebiet vorwiegend in Südosteuropa oder im pontischen Gebiet. Auch Arten, die allgemein die offenen Landschaften bevorzugen, sind sehr häufig. Diese spezielle Faunenzusammensetzung ist ungewöhnlich für ein mitteleuropäisches Interglazial und betont die subkontinental-mediterrane Beeinflussung des Warmzeitklimas von Neumark-Nord.

Abgesehen von jenen Stellen, wo Baumstümpfe die Standorte des Ufergehölzes anzeigten, können wir uns genaue Vorstellungen über die Standortverhältnisse am See von Neumark-Nord machen. Sie sollen nochmals vom See aus zu den umgebenden Hochflächen hin dargestellt werden. Im See selbst wucherten in einigen Metern Tiefe Rasen von Armleuchteralgen (Characeen). Weitere Arten des pflanzenreichen Wassers waren Quirltausendblatt, Laichkräuter und Sumpfteichfaden. Über eine Schwimmblattzone mit Wasserhahnenfuß (Ranunculus aquatilis), Tausendblatt (Myriophyllum verticillatum), Igelkolben (Sparganium sp.), Nixkraut (Najas marina) und Großer Salde (Ruppia maritima) stellte sich ein Schilfrohrgürtel ein, der von Seggenwiesen und Weidengebüsch unterbrochen wurde. Die Seggenwiesen nahmen mitunter den Charakter von Brackwasserriedern und Salzwiesen an. Sicher gab es Quellaustritte und Bachzuflüsse vom Ufer her, die hier im Röhricht oder in den sumpfigen Wiesen versickerten. Hinter dem Röhricht und den Weidendickichten schloß sich ein Uferwald an. An sumpfigen Stellen ging er in Erlenbrüche über, an trockeneren Stellen nahm er den Charakter des Tatarenahorn-Eichensteppenwaldes an und wurde von Strauch- und Wiesenfluren durchsetzt. Während in den sumpfigen Zonen des Röhrichts, der Salzstellen und des Bruchwaldes Flachmoortorfe und Grobdetritusmudden mit reichlich Pflanzenhäcksel entstanden, war die Zone des Uferwaldes durch eine Anmoorbildung gekennzeichnet. Diese Zone war begehbar. Sie wurde von sandigen Stellen unterbrochen, die bis zum See reichten. Hier wurden keine Sumpfablagerungen beobachtet. Offensichtlich lagen hier flache breite Schwemmkegel, die nur eine dünne Vegetationsdecke trugen und den freien Zugang zum Wasser ermöglichten. Abgesehen von sumpfigen Schlenken (Wasserrinnen in Mooren) und flachen, von Sumpf- und Wasserpflanzen durchwucherten Kleingewässern, war die äußere Uferzone eine relativ trockene Zone mit sandig-kiesigem oder lehmigem Untergrund, je nachdem, ob er aus ausgewaschenen grobkörnigen Teilen der Grundmoräne oder aus dieser selbst bestand. In diesem Bereich kamen lichte Bestände des Eichensteppenwaldes vor. Sie waren von einer dichten Krautschicht und Gestrüpp durchsetzt. Hier begannen auch die Schlehdornhecken, die auf den benachbarten Hochflächen größere Stellen als Dornbusch bedeckten. Wasserrisse, erzeugt von Bachzuflüssen, unterbrachen diese Bestände. Am Nordufer des Seebeckens setzten auf höheren trockenen Uferpartien und Böschungsknicken mit sandigem Grund die Sandsteppenwiesen ein. Die weitere Umgebung war ganz allgemein von Tatarenahorn-Eichensteppenwäldern, Gebüschfluren und offenen Steppenwiesen mosaikartig bedeckt. Die offenen Vegetationstypen hatten überwiegend den Charakter der Federgrasflur, die von dem kalkhaltigen Untergrund der Grundmoränendecke abhängig war. Sie ging auf sandigen kalkarmen Böden in die schon genannten Sandsteppenwiesen über.

Wild und Mensch am See

Diese teils offenen, teils bewaldeten Steppen- und Waldsteppenlandschaften gaben die futterreichen Weidegründe für die großen Pflanzenfresser ab. Sie waren bevölkert von Herden und Rudeln dieser Tiere. Der See mit seinen vielgestaltigen Standorten auf der breiten Uferzone, vor allem das Ufergehölz und der Dornbusch, waren besondere Anziehungspunkte für das Wild, auch für die Carnivoren, die den Pflanzenfresserherden folgten und ihnen hier am See auflauerten. Der See bot Tränkstellen und Suhlen, das Ufergehölz, Gestrüpp und Röhricht Verstecke, Unterschlupfe, Einstände und Wurfplätze für trächtiges Wild. Besonders lockten die Salzstellen die Pflanzenfresser an. Verschiedene große Herbivoren suchten auch die Sümpfe und Verstecke als Sterbeplätze auf.

91 Fossile Fische von Neumark-Nord.

Nicht nur große Tiere, auch zahlreiche kleinere Tiere fanden ideale Lebensbedingungen am See und an seinen Ufern. Während der See bevölkert war mit Fischen – Rotfedern, Karauschen, Barsche, Hechte und Schleien und andere Fischarten wurden in hervorragendem Zustand in den Mudden fossilisiert – waren Kleingewässer, Sümpfe, Röhricht und Seggenwiesen bevorzugte Standorte für Amphibien und Reptilien. In großer Zahl wurden die Reste der Europäischen Sumpfschildkröte (Emys orbicularis) nachgewiesen, die hier lebte. Vogelreste deuten auf eine reiche Avifauna hin. Sicher gab es hier Einzelnistplätze und Kolonien von Sumpf- und Wasservögeln sowie anderer Vogelarten, die die Gehölze und Gebüsche aufsuchten. Unter den Kleinsäugern, so Insektenfressern und Nagern, treten Arten auf, die die trockenen, vorwiegend offenen Standorte besiedelten wie Wühlmäuse und Arten, die wiederum die feuchten Standorte bevorzugten wie die Schermaus. Reste von Gliederfüßlern und Insekten wurden in den Muddesanden, Mudden und Torfen gefunden. In zahlreichen größeren Holzresten, an Rindenstücken, Baumstümpfen und umgebrochenen Bäumen wurden die bis 1 cm breiten Fraßgänge von Käferlarven beobachtet. Ihre Untersuchung steht noch aus und wird, wie auch die Analyse der zahlreichen Pflanzenproben, manche Überraschung bieten. So wurden beispielsweise vorzüglich erhaltene Reste von Baumpilzen gefunden. Helfen alle diese Nachweise, die Umweltverhältnisse am See von Neumark-Nord bis in Details zu bestimmen, so sind doch die größeren Säuger von besonderem Interesse, denn auch sie haben ja zahlreiche Reste und Spuren hinterlassen, einmal als Bestandteil der Ökosphäre selbst, zum anderen aber auch als Jagdwild des mittelpaläolithischen Menschen.

Am häufigsten waren Damhirsche (Dama dama). Als empfindliche wärmeliebende Tiere traten sie nur während des Optimums der Warmzeit in den Eichenmischwäldern und Hainbuchenwäldern auf. In den Mudden, die zeitgleich zu den Uferzonen sind, und in der oberen gewarvten Feindetritusmudde, die die Pflanzenreste des Hainbuchenwaldes enthielt, konnten mehrere Hundert Damhirschskelette nachgewiesen werden. Es ist anzunehmen, daß noch drei- bis viermal so viele Skelette während des Abbaus vom Bagger unerkannt abgeräumt worden sind. Die Funde dieser Hirsche verteilen sich auf etwa 2000

92 Skelett eines Damhirsches.

Jahre. Aus diesem Grunde ist keine katastrophale Ursache für ihren Tod anzunehmen und ihr reiches Vorkommen eher auf die gute Fossilisierung und die intensive Beobachtung des Abbaus zurückzuführen.

Die Pflanzenreste aus der gewarvten Mudde der Hainbuchenzeit deuten auch auf die Nahrung dieser Hirsche hin. Sie stellen vor allem wohl erhaltene Blätter, Zweige, Knospen, Früchte und Samen dar. Unter ihnen überwogen die Reste von Hainbuchen, aber auch jene von Eichen, Ulmen, Eschen, Erlen. Feld- und Bergahorn waren häufig; Tatarenahorn, Pappel, Weide, Wilde Rose (Rosa sp.) und Holunder (Sambucus nigra) kamen vor.

Rothirsche (Cervus elaphus), die weniger empfindlich als das Damwild sind, aber ähnliche Lebensgewohnheiten haben, waren nicht so sehr häufig. Sie kamen auch nicht nur in den Ablagerungen des klimatischen Optimums der Warmzeit vor, sondern auch in jenen der frühen und späten Warmzeit. Die Skelette der Dam- und Rothirsche wurden in weitgehend unverändertem Zustand in den Mudden vorgefunden. Meist war durch Nachlassen der Muskelspannung und Eintreten von Schrumpfungsprozessen die Halswirbelsäule weit nach hinten gekrümmt und der Schädel nach hinten auf den Rücken gezogen. Die Skelette lagen auf der Seite, die Beine waren meist etwas angewinkelt. Die Knochen befanden sich noch vollständig im Skelettverband. Verschleppung durch Verdriften im tieferen Wasser war nicht feststellbar. Offenbar sind die Hirsche im flachen pflanzenreichen Wasser verendet. Raubtiere, vor allem die Hyänen, haben sich nur selten an ihnen vergriffen. Doch waren sie in unmittelbarer Nähe, wie das einzelne Verbisse an den Skeletten sowie Koprolithen – also ihre verfestigten Exkremente – neben ihnen erkennen lassen. Es ist unverständlich, warum die Hyänen die Hirschkadaver nicht angenommen haben. Eine Erklärung dafür könnte ihre Lage und Durchtränkung mit Salzwasser sein. Zwischen den Geweihen eines stattlichen Damhirsches, der in der Nähe der unteren Uferzone gefunden wurde, hatte sich ein meterlanger verkohlter Ast verfangen – offenbar ein indirekter Hinweis auf menschliche Aktivitäten.

Ob ein Teil der Hirsche als Opfer von Treib-

93 Platz mit ausgeschlachtetem Auerochs am Ufer des Sees von Neumark-Nord. 1 Seeablagerungen: Mudden, 2 Ufersande, 3 Baumstümpfe des Uferwaldes, 4 umgebrochene Stämme, 5 Knochen, 6 Amboß aus kristallinem Geschiebeblock, 7 Feuersteinmesser, 8 Knochensplitter, 9 Stoßzahnspitze (Gerät?).

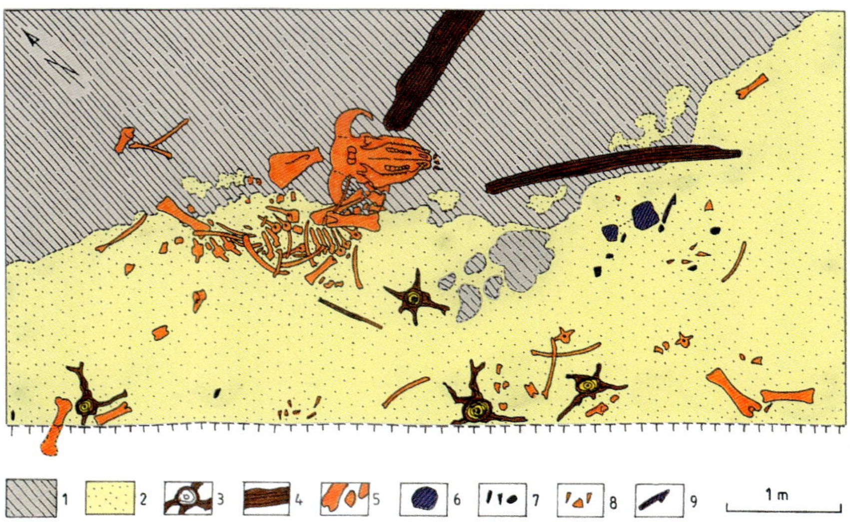

jagden des Menschen zu interpretieren ist? Jedenfalls treten unter den Jagdbeuteresten des Menschen am höheren Ufer, wo sich seine Rastplätze befanden, mit etwa 75% Anteil die grazilen Hirsche – also vorwiegend Damhirsche – als das am häufigsten bejagte Wild auf. Hier ist deutlich der Zusammenhang zwischen natürlichem Angebot und gezielter Jagd zu erkennen. Rothirsche sind in der Jagdbeute – entsprechend ihrer geringeren natürlichen Häufigkeit – seltener. Ganz selten tritt der Riesenhirsch (Megaloceros sp.) auf. Auch natürliche Nachweise – einige Gebißreste, eine Geweihstange – waren auf dem Ufer sehr selten. Der Bison wurde ebenfalls nur ganz vereinzelt nachgewiesen. Dafür aber kamen zahlreiche Reste, auch einige Skelette, vom Auerochsen (Bos primigenius) vor. Sie befanden sich vorwiegend auf der unteren Uferzone und in den ihr benachbarten Mudden. Im Gegensatz zum Bison lebte der Ur nicht in Herden, sondern einzeln oder in kleineren Gruppen mit seinem Nachwuchs. Während der Bison die offenen Steppenlandschaften bevorzugte, fand der Auerochse ideale Standorte am See. Sie waren wie für ihn geschaffen: Sümpfe, Suhlen, Dickichte, dichte und offene Stellen im Wechsel mit reichlich Äsung.

94 Freilegung des Schlachtplatzes mit Resten eines Auerochsen.

95 Schädel des Auerochsen.

Die Skelette der Auerochsen, die weitgehend vom Bagger zerstört wurden, gehen offenbar auf natürlich verendete Tiere zurück. Anders war es mit einem Skelettrest, der direkt auf der Wasserlinie am westlichen Ufer gefunden wurde: Hier lag zwischen umgebrochenen, 50 cm dicken und 4 bis 5 m langen Baumstämmen der Rest eines starken jungen Urstieres, z.T. noch im Faulschlamm, z.T. auf dem Ufersand. Auf dem Ufer selbst kamen im Abstand von etwa 3 bis 4 m die Stümpfe der Bäume des Uferwaldes zum Vorschein. Zwischen ihnen lagen die großen Knochen der fleischreichen Teile des Wildes – die Extremitätenknochen, einige Teile des Beckens und des Schultergürtels – sowie einige Feuersteinabschläge, die als Tranchiermesser gebraucht wurden. Hier war also ein Schlachtplatz. Der weniger brauchbare Rest – Rückgrat, Brustkorb und Schädel, alles noch im Sehnenverband – blieb am Ufer zurück. Bestimmte Einzelheiten des Befundes zeigen, daß der Tierkörper, nachdem die eine Körperhälfte zerlegt war, auf die andere Seite gedreht wurde, um auch diese zu verwerten. Dicht neben diesem Platz befand sich ein kleiner Schlagplatz: ein Amboß aus einem großen kristallinen Geschiebeblock, dessen unebene Seite abgespalten war und noch in der Nähe lag, ein Kernstein aus Flint, ein Schlagstein und einige Abschläge, ebenfalls aus Feuerstein. Dicht neben dem Amboß lag die etwa 25 cm lange, schräg abgesplitterte schmale Spitze eines Stoßzahnes, offenbar auch ein Gerät. Sehr wahrscheinlich besteht eine Beziehung zwischen diesem improvisierten Arbeitsplatz und der Zerlegung des Urstieres. Ob dieser auch hier von den Jägern erlegt wurde oder waidwund seinen Verletzungen erlag oder eines natürlichen Todes starb, kann nicht mehr ermittelt werden. Doch ist wohl anzunehmen, daß er eine Jagdbeute des mittelpaläolithischen Jägers war – seitdem wir die ca. 200 000 Jahre ältere ausgezeichnete Bewaffnung des frühen Menschen von Schöningen kennen.

Dort, wo sich sandige Partien auf dem Ufer mit dichtem Gehölz, Gebüsch und sumpfigem Röhricht ablösten, besonders auf dem südlichen und

96 Ein Abschlag aus Feuerstein, der beim Tranchieren des Auerochsen gebraucht wurde.

östlichen Ufer des Sees, war die Uferoberfläche förmlich übersät mit Knochen. Das waren Reste von allen nur möglichen größeren Säugern – abgesehen von den bereits genannten Resten kleinerer Wirbeltiere, die auch hier lebten. Es waren einzelne Überreste, wie Extremitätenknochen, Wirbel, Rippen, vollständige oder teilweise zerfallene Hirnschädel und Kiefer sowie einzelne Zähne von Hirschen, Wildrindern, Wildpferden, Nashörnern und Elefanten; an und zwischen diesen Knochen fanden sich die Lebensspuren der Beutegreifer und Aasfresser, wie Verbiß und Exkremente und auch einzelne Skelettreste. Es handelte sich um Löwen, Wölfe und Hyänen, seltener andere Raubtiere wie Bären und Füchse. Gelegentlich traten noch zusammenhängende Skeletteile auf, oder es war deutlich, daß das Skelett eines größeren Säugers, der an dieser Stelle starb oder gerissen wurde, über eine größere Fläche hin verteilt und verschleppt wurde. Verursacher waren vor allem Hyänen und Wölfe. An zahlreichen Knochen wurden demzufolge auch die Fraßspuren von großen und kleinen Carnivoren angetroffen, vor allem von Hyänen. Doch nicht alle Knochenteile und Knochensplitter gingen allein auf solchen Verbiß zurück. Eine große Menge davon macht auch den Eindruck, zur Markentnahme zerschlagen worden zu sein und stellt den Speiseabfall des Menschen dar. Dieser Abfall befand sich nicht nur auf der sandigen anmoorigen Uferoberfläche, sondern meist in flachen Sandfächern und in den Decksanden der äußeren Uferzone, dort, wo Bäche von der Hochfläche her einmündeten und offenbar einen Teil dieser Reste vom höheren Ufer zum See hin verschwemmt hatten. Oft waren diese Abfälle mit Steinartefakten, Holzkohlen und Geweihresten vermischt. An Steingeräten kamen vor allem scharfkantige Abschläge vor, die zum Zerlegen der Tierkörper geeignet waren. Auch fanden wir an diesen Plätzen menschlicher Aktivitäten zahlreiche Stümpfe der Uferbäume, unter denen die Jäger ihre Beute zerlegten oder an ihren Lagerfeuern verzehrten.

Der natürliche Anteil der Skelettreste geht auf Tiere zurück, die im Sumpf oder flachen Wasser ihren Sterbeplatz aufsuchten. Das waren vor allem die Elefanten (Palaeoloxodon antiquus). Von ihnen wurden auch die meisten noch zusammenhängenden Skelette oder Skeletteile auf dem Ufer vorgefunden. Ein großer Teil der anderen Knochen stammt von Rissen großer Raubtiere. Das waren vor allem Löwen. Kranke und kleinere Tiere fielen Wölfen und Hyänen zum Opfer. Letztgenannte machten sich über alle Reste her, die von verendeten Tieren und Raubtiermahlzeiten übrigblieben. Bären, die seltener unter den Resten auftreten, folgten weniger Beutetieren, als daß sie das Wasser aufsuchten und Leckerbissen unter dem pflanzlichen Nahrungsangebot aufspürten. Am häufigsten und zahlreichsten hielten sich wohl die Hyänen am Seeufer auf. Sie folgten den Pflanzenfressern zur Tränke oder dem Löwen, um ihm seine Beute abzujagen, oder sie spürten die kranken Tiere, die sich in Verstecke zurückzogen und die Wurfplätze des Herdenwildes auf. Verbissene

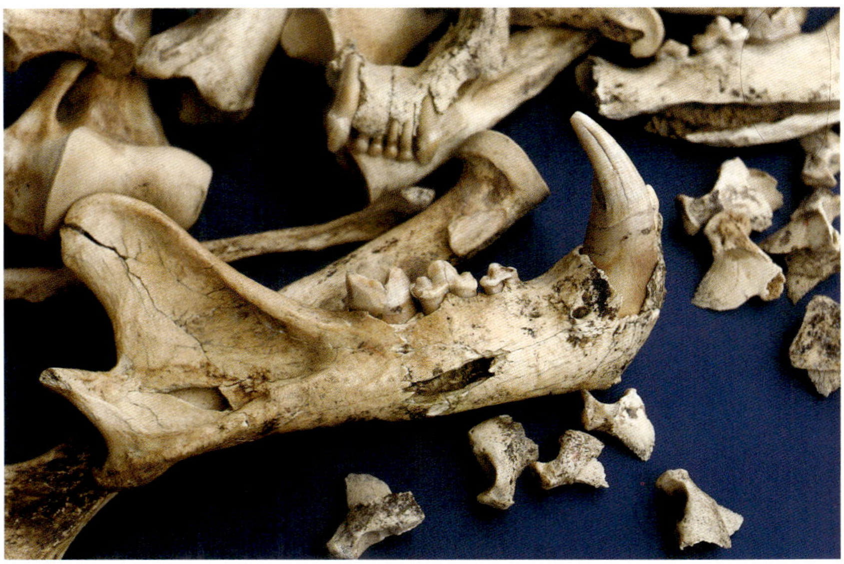

97 Kieferreste und Knochen eines Löwen.

Knochen wurden in allen Varianten vorgefunden, auch noch im Skelettverband, wie der verbissene Rest eines Rothirsches, der von einer Hyäne in den Sumpf verschleppt worden war. Er bestand nur noch aus dem verbissenen Rückgrat, dem Becken und den in den Gelenkpfannen sitzenden, abgebissenen Oberschenkelstümpfen. Alle Partien dieses Restes waren abgenagt. Bei einem Damhirsch war der Hals durchgebissen, der Schädel mit drei Halswirbeln daran lag zwischen den gespreizten Vorderfüßen des Kadavers. Die Einbißlöcher an diesem Skelett deuten allerdings auf eine mittelgroße Raubkatze und nicht auf eine Hyäne hin. Abgesehen von einzelnen Skelettresten der Carnivoren, die schon erwähnt wurden, kam nur einmal ein vollständiges Skelett eines Raubtieres zum Vorschein – das eines Löwen (Panthera/Leo/spelaea), der allerdings nicht mehr im Vollbesitz seiner Kräfte war. Ein Oberkiefereckzahn fehlte ihm schon seit Lebzeiten; die Alveole des Zahns war durch Knochenwucherungen verändert. Außerdem hatte er arthritische Veränderungen an den Mittelfuß- und Fußknochen. Das Skelett befand sich zwischen den teilweise verschleppten Skelettresten von drei Elefanten am Südufer. Die Kadaver dieser Tiere waren vielleicht auch die letzte Nahrung für den geschwächten Löwen, der dann hier verendete. Das vollständige Skelett eines großen Wolfes wurde bis auf Reste vom Bagger zerstört.

Auch Kotballen, die Lebensspuren von Pflanzenfressern, wurden gefunden. Es waren durch die Sedimentauflast zusammengedrückte linsenförmige Pflanzenhäckselballen, die sich im Wasser vollsogen und absanken. Andere Lebensspuren gehen auf Trittsiegel und Stampflöcher von großen Tieren im sumpfigen Uferbereich zurück. Derartige Strukturen, die das Anmoor und den geschichteten Untergrund zerstörten, wurden wiederholt beobachtet und ließen sogar auf diese Weise Tränken am See erkennen. Die größten, etwa 20 bis 30 cm großen Hohlformen gehen ohne Zweifel auf Elefanten zurück, bei kleineren kann nur vermutet werden, daß sie von Nashörnern, Wildrindern oder Wildpferden stammen. Besser waren z. B. Trittsiegel von Großwild auf einer einst trocken gefallenen Muddeschicht des holsteinzeitlichen Sees von Schöningen (Schöningen I) erhalten geblieben. Nach dem Abtrocknen auf der Grabungsfläche und der Herausnahme der geschrumpften gelben Tonfüllung der vor 450 000 Jahren in den schwarzen Faulschlammgrund getretenen Spuren, konnten deutlich Hinter- und Vorderfüße von Nashörnern, die Fährten von Boviden und von Elefanten – wie bei den Nashörnern auch mit Zehenabdrücken – erkannt werden. Im Travertin von Vertesszölös blieben im später verhärteten Kalkschlamm einer Tränkstelle zahlreiche Fährten von Wildrindern, Nashörnern und Bären erhalten. In einer lehmigen Auenablagerung, die vor etwa 40 000 Jahren im Tal der Emscher bei Bottrop entstand und die W. von Koenigswald beschrieb, wurde eine große Fläche freigelegt, die mit Fährten von eiszeitlichen Tieren übersät war. Sie stammen von Wildrindern, Wildpferden, Rentieren, Löwen, Wölfen und der Wildgans. Auch dieses schöne Beispiel zeigt, daß bei genügender Aufmerksamkeit derartige Lebensspuren entdeckt werden können. Auch am Seeufer von Bilzingsleben kamen Stampflöcher und Einzelfährten als Hinweis für den Aufenthalt von Großwild zum Vorschein. Am sumpfigen Ufer von Neumark-Nord konnten größere, wannenartige Störungen mit Verknetungen des einst schlammigen Sumpf- und Seegrundes mit Ausmaßen von mehreren Metern beobachtet werden. Da wir keine geologische Erklärung dafür haben, deuten wir diese Erscheinungen als die Suhlen von Großwild.

Reste von Nashörnern waren nicht allzu häufig. Sie stammen vom Wald- und vom Steppennashorn. In einem Falle wurde am Südufer ein größerer Skelettrest eines Steppennashorns vom Bagger angefahren und von uns freigelegt. Wie beim Auerochsen, waren Wirbel, Rippen und der Schädel erhalten; nur vereinzelte Knochen der Extremitäten lagen noch beim Skelettrest. Dieser war zwar schon mehr oder weniger zerfallen, doch befanden sich die Knochen noch in ihrer natürlichen Position und zeigten die gleiche Situation wie bei dem ausgeschlachteten Auerochsen. Einige Schritte weiter von diesem Rest entfernt kamen die Extremitätenknochen, ein Beckenrest, ein Schulterblatt, und neben ihnen zwei Feuersteinmesser aus Abschlägen zum Vorschein. Auf Grund der Ähnlichkeit des Befundes mit jenem des Ur deuten wir auch diesen Platz als einen Schlachtplatz des Menschen.

98 Versteinerte Exkremente (Koprolithen) von Hyänen.

Ein anderer Platz am Südufer erbrachte zwischen Uferbäumen die Halswirbelsäule und einige Schädelreste eines Nashorns sowie einige größere Feuersteinabschläge. Auch sonst lagen hier Knochen- und Gebißreste von Auerochsen, Riesenhirschen und anderen größeren Säugern – mit Sicherheit auch wieder ein Platz, wo Jagdbeute aufbereitet wurde. Außerdem wurde ein großer Schaber aus dem Splitter eines Schienbeinschaftes vom Elefanten gefunden. Das mag ein gutes Hilfsmittel beim Abhäuten eines großen Tieres gewesen sein.

Andere Reste vom Waldnashorn sind offensichtlich natürlichen Ursprungs. Das betrifft drei Oberschädel, auch einzelne Knochen und Zähne. Interessant ist, daß in den Schmelzfalten der Oberkieferzähne dieser Nashornfunde Pflanzenhäcksel gefunden wurde – die Reste der letzten Nahrung, die diese Tiere zu sich nahmen. Eine Untersuchung steht noch aus, aber es sind bereits so die nur halb zerkauten Dornen der Schlehe zu erkennen.

Knochenlager – Sterbeplätze der Elefanten

Aufregend waren jeweils die Anhäufungen von Elefantenknochen. Sie gingen auf vollständige und mehr oder weniger verschleppte Skelette zurück. Einige wurden vom Bagger weitgehend oder teilweise zerstört. Doch konnten auch mehrere dieser Knochenanhäufungen systematisch, jedoch nur mit Hilfe des großen Schaufelradbaggers, ausgegraben werden. Da zunächst künstliche Einwirkungen auszuschließen sind, können wir das Vorkommen dieser Elefantenfunde als Hinweis auf einen Standort deuten, der von den Elefantenherden der Umgebung nicht nur zur Tränke und zum Suhlen, zum Einstand und Sandbaden, sondern auch als Sterbeplatz aufgesucht wurde. Im Laufe von mindestens 250 Jahren, die die breite Uferzone bestand, häuften sich so etwa 25 Elefantenskelette an. Es dürften einige mehr gewesen sein, die bei nächtlichen Baggerarbeiten oder bei drängenden Arbeiten zur Erfüllung der Produktionsziffern im Abbau verloren gegangen sind. Doch zeigt die Verteilung der Skelettfunde rings um den See ein einheitliches und daher offensichtlich reales Bild.

Es handelt sich um den Waldelefanten. Abgesehen von einzelnen großen Knochen, Backen- und Stoßzähnen, die immer wieder auf der Uferzone angetroffen wurden, lagen die meisten Skelette bzw. Knochenanhäufungen auf dem inneren Teil der Uferzone, in einigen Fällen auch in den anschließenden Mudden des Sees. Offenbar wurden Sümpfe und das kühlende Wasser aufgesucht. In den meisten Fällen waren die Skelette bereits aus ihrem Zusammenhang gelöst und locker verteilt, manchmal schon weiter verschleppt, während nur gelegentlich noch zusammenhängende Teile auf die Lage der Skelette schließen ließen. Einige Skelette wurden fast vollständig vorgefunden, z. B. das eines etwa vierzigjährigen Elefanten. Es lag an der Südseite des Ufers, aber bereits im See, auf dem Bauch. Vorder- und Hinterbeine waren angehockt und nach dem Zerfall des Skelettes umgekippt, lediglich der rechte Oberschenkel war nach links verschleppt. Bis auf einen Fuß fehlten alle Zehen, Mittelfußknochen, Fuß- und Handwurzelknochen. Sie werden beim Zerfall des Kadavers von den Hyänen zuerst verschleppt. Brustkorb und Wirbelsäule sowie Schultergürtel und Vorderbeine waren noch völlig intakt. Der Schädel war von der Halswirbelsäule gelöst und lag daneben. Ihm fehlten die relativ kleinen Stoßzähne und der Unterkiefer. Diese Veränderungen könnten, wie Beobachtungen an rezenten Elefanten lehren, von Gruppenmitgliedern der Herde, die

99 Schädel eines Steppennashorns.

100 Freilegung eines Waldelefantenskeletts.

zu ihren verstorbenen Artgenossen zurückkehrten, selbst verursacht worden sein. Unter dem Brustkorb fand sich noch ein Ballen bräunlichen Pflanzenhäcksels – der letzte Mageninhalt. Auch dieser harrt noch seiner Untersuchung, um über die Nahrung der Waldelefanten Auskunft zu geben.

Ein anderer Elefant, der in einer Gruppe von Elefantenskeletten am Ostufer zum Vorschein kam, wurde in einer ähnlichen Lage angetroffen. Schädel und Stoßzähne waren noch vorhanden, wurden aber vom Bagger ergriffen und dabei z.T. zerstört. Ein Schulterblatt – fast mannshoch – wurde bei Untersuchungen der Umgebung des Skeletts in 10 m Entfernung gefunden. Vielleicht wurde es auch von Elefanten verschleppt. Hier traten mehrere eng benachbarte Knochenfelder auf, die Elefantenskelette oder deren verstreute Knochen enthielten, so daß oft nicht mehr die Begrenzung der einzelnen Anhäufungen und Skelette zu klären war.

101 Vor dem Bagger wird ein Knochenfeld mit Resten von Waldelefanten ausgegraben.

Sechs Meter neben dem zuerst beschriebenen Elefanten wurde eine Anhäufung von Knochen eines gewaltigen männlichen Tieres mit den voll ausgebildeten dritten Backenzähnen, also mit einem Alter von 60 bis 70 Jahren, freigelegt. Der Befund konnte weder als Streuungsfeld noch als intaktes Skelett angesprochen werden. In dem komplett erhaltenen Becken, das wie eine Schüssel gelagert war, waren die großen Extremitätenknochen gestapelt. Einige von ihnen, wie Unterarm- und Unterschenkelknochen, befanden sich noch im natürlichen Verband. Auf dem Knochenstapel war der komplette Schädel mit noch in den Gelenken sitzendem Unterkiefer und Halswirbelsäule gelagert. Grundsätzlich fehlte das gesamte Rückgrat mit dem Brustkorb. Da nicht ein Knochen davon gefunden wurde, auch nicht in der weiteren Umgebung, ist anzunehmen, daß dieser Skeletteil noch im Sehnenverband entfernt wurde. Man möchte hier an künstliche Aktivitäten glauben und annehmen, daß dem Menschen wahrscheinlich die Bindegewebsstränge wichtig waren. Sie wurden bei der Mazeration des Skeletts freigelegt und waren dann zugänglich. Daß der Elefantenkörper sich in einem Zustand befand, in dem die Weichteile alle schon verwest waren und nur noch die schwer vergänglichen Bindegewebsstränge und Teile der Haut in lederartiger Beschaffenheit übrig waren, zeigten auch die noch zusammenhängenden Körperteile. Bei einem solchen Zustand der Zersetzung können die Stoßzähne leicht aus ihren Alveolen gezogen werden, was auch diesem Elefanten widerfuhr. Nach den Ausmaßen der Alveolen waren diese Zähne gewaltige, mehr als 3 m lange Exemplare. Über dem rechten Auge zeigt der Schädel dieses Elefanten einen teilweise verheilten, tiefen Einstich in der Stirn. Stammt dieser von einer Lanze oder einem Speer? Im Auge ist der Elefant verletzbar, ebenso auch an der Stirn, wo das Schädelskelett aus millimeterdünnen wabenartigen Knochenwänden besteht. In der Nähe wurden auf der Uferzone einige große Feuersteinabschläge mit Gebrauchsglanz an den Schneiden gefunden. Ein solcher entsteht z. B. beim Schneiden von Haut oder hartem Bindegewebe. Ein zeitlicher Zusammenhang ist nicht beweisbar, aber die zeitliche wie räumliche Nähe des Menschen wird durch diese Artefaktfunde belegt.

102 Skelett eines Waldelefanten.

Ein dicht gelagerter Knochenhaufen wurde am Ostufer vom Bagger erfaßt und dann mit seiner Hilfe im Januar bei –20 °C freigelegt. Er bestand aus zwei Elefantenskeletten, z.T. noch im natürlichen Verband. Bei den Freilegungsarbeiten wurde vom Bagger ein hellgrauer Silexabschlag erfaßt und zerbrochen. Leider wurde nur noch die eine Hälfte gefunden. Sie zeigt die scharfe, sehr regelmäßig verlaufende, etwas gebogene Schneide eines Abschlagmessers und trägt Gebrauchsglanz. Im Abstand von 1,5 cm verläuft parallel zur Schneide eine bräunliche Verfärbung, auf der noch millimeterdicke Reste einer harzartigen Kittmasse kleben – offensichtlich der Rest eines in einen Griff geschäfteten Steinmessers! Der erste Nachweis eines mit Harz in einem Holzgriff verkitteten retuschierten Feuersteinmessers in einem mittelpaläolithischen Inventar stammt ebenfalls aus dem Harzvorland. Allerdings ist dieser Fund jünger und stammt aus einer frühweichselzeitlichen Uferzone des Ascherslebener Sees bei Königsaue. Hier hielten sich vor etwa 80 000 Jahren Jäger auf und hinterließen ihre Abfälle an den Rastplätzen. Die Kittmasse zeigt Abdrücke der retuschierten Kante des Messers sowie des gemaserten Holzgriffes. Außerdem blieb ein kräftiger Fingerabdruck des Menschen mit deutlichen Papillarlinien erhalten.

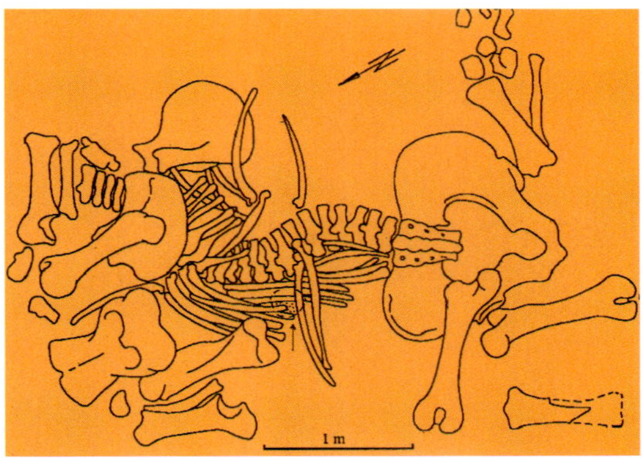

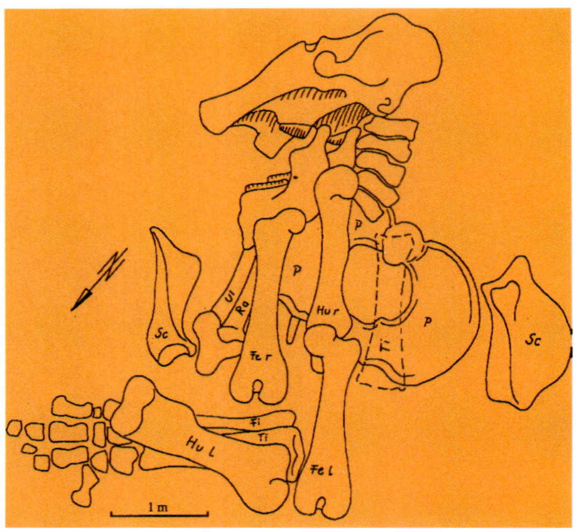

103 Oben: Skelett eines auf dem Bauch liegenden Waldelefanten. Kreis und Pfeil deuten den Rest des Mageninhalts an (Ballen aus Pflanzenhäcksel). – Unten: Skelettreste eines Waldelefanten. Rückgrat, Brustkorb und Stoßzähne fehlen (menschliche Einwirkung). P Becken, Sc Schulterblatt, Hu Humerus, Ra Radius, Ul Ulna, Ti Tibia, Fe Femur, Schädel oben im Bild.

Unter den übrigen Funden wurden außer Einzelindividuen ebenfalls Kombinationen von zwei oder mehreren Skeletten festgestellt. Doch in der Regel waren diese Skelette zerfallen, verteilt und verschleppt. Mitunter wurden einzelne Schädel, Unterkiefer und Stoßzähne gefunden. Häufiger traten vereinzelte Knochen auf, wie Becken, Schulterblätter, Extremitätenknochen oder auch einzelne Backenzähne oder Wirbel. Ein besonderer Fund auf dem Ostufer war der völlig isolierte Schädel eines jungen Elefanten mit dünnen Stoßzähnen und noch in den Gelenken sitzendem Unterkiefer.

Es gibt keine direkten Hinweise auf die Tötung eines Elefanten, aber darauf, daß die Jäger Manipulationen am mazerierten Skelett vorgenommen haben. Eine andere Erscheinung kann auch nur menschliche Aktivitäten als Ursache haben: An zwei Stellen wurden auf dem Ufer Anhäufungen von Stoßzähnen verschiedener Tiere beobachtet, einmal am Westufer von vier, zum anderen am Südostufer von etwa zwanzig Stoßzähnen ganz verschiedener Größe. In der Umgebung gab es keine Skelettreste von Elefanten. Diese »Depots« wurden sicherlich vom Menschen zusammengetragen. Von Bilzingsleben wissen wir, daß Stoßzähne auch als Rohmaterial für Geräte genutzt und wie die Knochen längs gespalten wurden, um aus den Spänen Geräte mit angespitzten Enden herzustellen. Auch große Schaber aus Elfenbeinsplittern liegen vor. Warum sollte Elfenbein nicht auch erst recht in dieser jüngeren Periode eine große Rolle gespielt haben?

Jäger und Wild

Wir sehen, daß auf dem inneren Uferbereich Aktivitäten des Menschen nachweisbar waren, die direkt mit seinem Nahrungserwerb, aber auch mit Rohstoffgewinnung verbunden waren.

Für ihn war der See mit seinem vielgestaltigen Ufer und dem Wildreichtum in der Umgebung ein wichtiger Anziehungspunkt in einem größeren Distrikt. Er suchte den See immer wieder auf, um hier dem Wild aufzulauern, das zur Tränke, zur Suhle oder zum Einstand zog. Aus den Jagdaufenthalten ergaben sich dann andere Aktivitäten, wie jene der Rohstoffgewinnung, aber auch der Verarbeitung dieser Rohstoffe nach dem augenblicklich bestehenden Bedarf. Ein solcher deutet sich aus dem Typenbestand der Feuersteingeräte an, die wir auf dem höheren Ufer fanden. Die Geräte verweisen auf die Bearbeitung von Holz und damit indirekt auf die Herstellung von Gerätschaften für die Jagd, die hier ja benötigt wurden. Längere Aufenthalte waren mit der Einrichtung von Rastplätzen verbunden, an denen das erlegte

104 Knochenfelder gehen auf Sterbeplätze von Elefanten am sumpfigen Seeufer zurück.

Wild auch verzehrt wurde, wie das die zerschlagenen Tierknochen als Speiseabfall beweisen.

Interessant ist ein Vergleich der natürlichen Häufigkeit der Pflanzenfresser am See mit dem Anteil ihrer Skelettreste unter diesem Speiseabfall. Es zeigt sich, daß die hier am Seeufer am häufigsten vorkommenden Arten auch für den Menschen unter den geschilderten warmzeitlichen Verhältnissen in der Jagdbeute an erster Stelle stehen. Das waren die Hirsche, besonders die Damhirsche. Herdenwild war offenbar leichter und effektiver zu bejagen als Wild, das einzeln oder nur in kleinen Gruppen auftrat. Eine große Rolle spielte sicher auch die Wehrhaftigkeit des Wildes und seine Fluchtkraft beziehungsweise seine Fluchtfähigkeit, die den Menschen zu einer Auslese seiner potentiellen Jagdbeute zwangen. Der Anteil der Wildarten an der Beute verschob sich innerhalb ihrer Staffelung nach Gefährlichkeit, Fluchtvermögen, Jagdbarkeit und nach der jeweils vorhandenen Häufigkeit der Tiere, die der Jäger bei seinen Besuchen am See antraf. So können wir an Hand der Jagdbeutereste von verschiedenen Aufenthaltsstellen zeigen, daß einmal die Hirsche überwogen, ein anderes Mal Wildrinder, vor allem aber Auerochsen häufiger erbeutet wurden oder Wildpferde. Der Auerochse war mit Sicherheit ein wehrhaftes und gefährliches Wild. Wenn dieses unter der Jagdbeute an Häufigkeit zunahm, ist das bestimmt mit einem Mangel an anderem, leichter jagdbarem Wild zu erklären. Bestimmte Tierarten haben nie eine große Rolle für den Jäger gespielt. So tauchten Wildschweine nur gelegentlich auf, ebenso Rehe und Raubtiere. Diese waren nicht nur Nahrungskonkurrenten, sondern dem Menschen zu gefährlich, so der Löwe, der Panther, der Wolf, die großen Hyänen. Nur in ausweglosen Situationen stellte man sich ihnen. So gelangten sie hin und wieder unter die Speiseabfallhaufen. Der Bär tritt gar nicht in Erscheinung. Die seltenen, wohl natürlichen Reste beweisen lediglich, daß er hier in der flachen Landschaft und der Niederung erschien. Wahrscheinlich entsprach der Biotop nicht seiner Lebensweise.

Kommen wir nochmals auf die Wildrinder zurück. Es ist schon auffällig, daß der Ur am See von Neumark-Nord relativ häufig gejagt wurde. Wir deuteten es als eine Folge des jeweiligen Angebotes von Wild. Doch waren gewiß bei der Jagd auf verschiedene Tierarten die Kenntnis des Wildverhaltens und die eigenen Fähigkeiten wichtige Voraussetzungen für den Erfolg. Ure, vor allem die Stiere, lebten vereinzelt oder während der Aufzucht der Jungen in kleinen Gruppen und waren gefährliche Gegner. Sicherlich war nicht nur ihr relativ häufiges Auftreten am See von Neumark-Nord, der ihnen ideale Lebensbedingungen bot, die Ursache, vom Menschen verfolgt zu werden, sondern es waren auch die speziellen Jagdmethoden, die die Jäger beherrschten und die ihnen einen Erfolg bescherten. In bezug auf das Wildverhalten waren diese Methoden gänzlich andere als jene, die bei der Jagd auf Hirsche angewandt wurden.

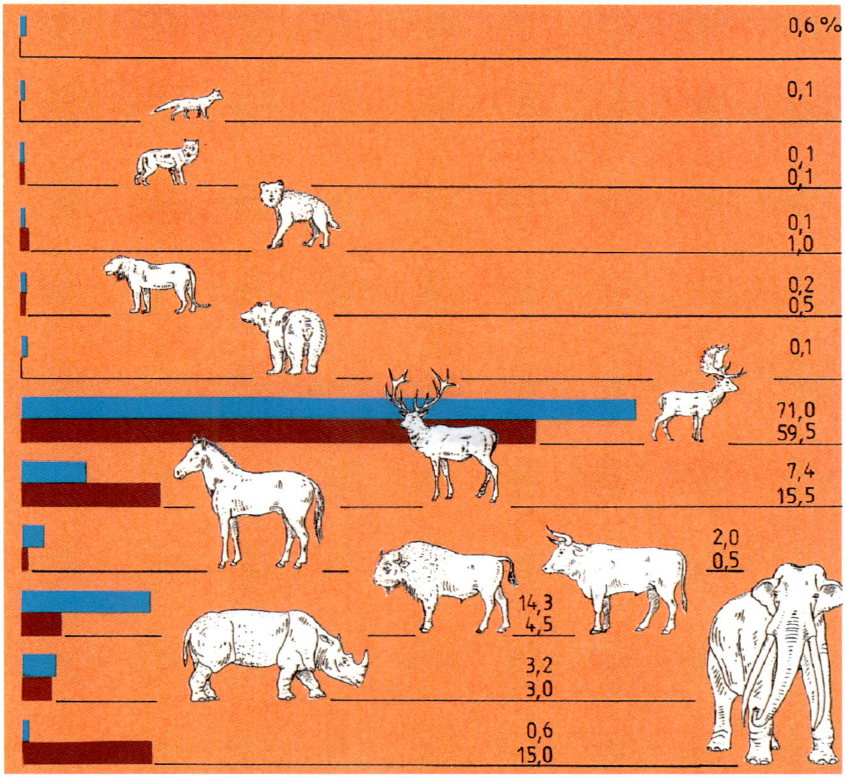

105 Die Jagdbeute (blau) des mittelpaläolithischen Menschen von Neumark-Nord im Verhältnis zum natürlichen Vorkommen der Tierarten (rot). Von unten nach oben: Waldelefant, Nashorn (Steppen- und Waldnashorn), Auerochse und Bison, Wildpferd, Rothirsch, Damhirsch, Bär, Löwe, Hyäne, Wolf, Fuchs, Sonstige.

Elefanten wurden wahrscheinlich auch nicht aktiv bejagt. Möglich ist, daß frisch verendete Tiere noch Verwendung fanden oder kranke und geschwächte Tiere erlegt wurden. Direkte Beweise dafür gibt es bei den Befunden von Neumark-Nord kaum.

Anders ist allerdings der Befund des 100 000 Jahre jüngeren Schlachtplatzes eines Elefanten von Lehringen an der Aller aus der optimalen Entwicklungsphase der letzten Warmzeit zu deuten. Hier befanden sich zwischen den Knochen des Skelettes mindestens 25 größere Feuersteinabschläge, während unter dem Brustkorb eine sorgfältig bearbeitete und zugespitzte, 238 cm lange Eibenholzlanze zum Vorschein kam. Durch die Last des Tierkörpers und des Sediments war sie verbogen. Sie war aus einem Stämmchen geschnitzt. Mindestens vierzig Seitensprosse mußten entfernt werden; die Spitzenpartie wurde aus dem an dieser Stelle ziemlich dicken Stammteil geschnitzt. Die Feuersteinabschläge wurden erst an

Lebensbild von Neumark-Nord.

Ort und Stelle hergestellt, um als Tranchiermesser zu dienen. Entsprechende Arbeitsspuren wurden an ihren Schneidkanten festgestellt. Sie deuten darauf hin, daß Fleisch, Haut und Knorpel geschnitten wurden. Wie bei Neumark-Nord, lag auch dieser Elefant im sumpfigen oder flachen pflanzenreichen Wasser, wo er für den Menschen erreichbar und noch genügend von dem großen Tierkörper oberhalb des Wasserspiegels zugänglich war. Die Lanze läßt an eine Tötung vor Ort durch den Menschen denken.

Im Jahre 1987 wurde eine Parallele zu dem Fund von Lehringen im Tagebau Gröbern bei Bitterfeld entdeckt. In gleichaltrigen Seeablagerungen kam hier das Skelett eines großen Waldelefanten zum Vorschein. Eine Jagdwaffe wurde allerdings nicht gefunden, und der als Geschoßspitze gedeutete Splitter eines Schienbeins vom Rothirsch zeigt keine Bearbeitungsspuren, sondern Tierfraß und kann schon technisch und funktionell nie als Spitze einer Jagdwaffe in Frage kommen. Aber wie bei Lehringen erschienen auch hier etwa 25 Feuersteinabschläge als Tranchiermesser. Das Tier war in hockender Stellung verendet. Die Skelettpartien wiesen noch weitgehend auf den natürlichen Zerfall. Es gibt keinen Beweis für eine künstliche Veränderung von Körperteilen – im Gegensatz zu der sehr phantasievollen Deutung, die publiziert wurde. Lediglich folgender Befund ließ künstliche Eingriffe vermuten: Der Oberschädel lag verkehrt herum mit der Stirn auf dem Brustkorb, auf den er ursprünglich niedergesunken war; einer der ca. 180 cm langen Stoßzähne war aus der Alveole gezogen und lag unter dem Schädel. Diese Veränderung am Skelett war nur während eines späten Stadiums der Zersetzung des Kadavers möglich. Es ist zu überlegen, ob der mittelpaläolithische Mensch nicht auch hier, wie im Falle von Neumark-Nord, Rohmaterial in Form von Sehnen und Bindegewebssträngen am mazerierten Skelett geholt hat.

Ähnliche Befunde an Skeletten sehr großer Säuger sind wenig bekannt. Wir können noch auf die schon genannten Befunde der Elefanten von Aridos in Spanien verweisen, ferner auf die Zerlegungsplätze von Elefanten und anderem Großwild bei Torralba und Ambrona. Eine Parallele zu dem Befund des Nashorns von Neumark-Nord kennen wir nicht.

Aber der Befund des Schlachtplatzes eines Auerochsen findet eine Bestätigung in einem gleichartigen Platz aus ca. 12 000 Jahre alten Ablagerungen in einer sumpfigen Talniederung von Potsdam-Schlaatz. Hier erlegten jungpaläolithische Jäger einen Ur und weideten ihn aus. Zurück blieben im Skelettverband die gleichen, wenig brauchbaren Reste wie bei Neumark-Nord: der Schädel, das Rückgrat und der Brustkorb. Nur fehlen die übrigen, vor allem ausgeschlachteten Knochen, weil sie im Gegensatz zu dem älteren Fund von den Jägern als Rohmaterial für ihre Jagdgeräte gebraucht wurden. In der Umgebung des Schlachtrestes kamen fünf größere Klingenmesser aus Feuerstein mit entsprechenden Gebrauchsspuren zum Vorschein.

Im Travertin von Bad Cannstatt, der wie jener von Bilzingsleben II und Schöningen II aus dem Holsteinkomplex stammt, kamen einige Befunde zu Tage, die auf Großwildjagd in Kalkschlammsümpfen und das Zerlegen großer Tierkörper an Ort und Stelle zurückgehen. Ein Knochenlager bestand aus den Extremitätenknochen, Schulterblättern, Rippen, Wirbeln und dem Unterkiefer eines großen Waldelefanten. Schädel und Stoßzähne fehlten. Zwischen den Knochen wurde ein Geröllgerät mit zugerichteter Schneide gefunden. Am Grund des Schlammtümpels war in der Umgebung des Knochenlagers eine 5 cm dicke, schwarze und schmierige Schicht abgelagert, in der sich noch die Zersetzungsprodukte von Knochenölen, Fetten und Hauttalg nachweisen ließen. Daraus geht hervor – was wir auch für andere derartige Schlacht- oder Zerlegungsplätze von sehr großen Tieren annehmen –, daß der größte Teil des Körpers nicht genutzt wurde. Er verweste hier, und das Skelett zerfiel – ein Vorgang, der unter warmzeitlichen Klimaverhältnissen sehr schnell vonstatten geht. An weiteren Stellen des Travertinbeckens von

106 Die Unterkiefer von Waldelefanten.

107 Das Elefantenskelett von Gröbern. Feuersteinabschläge zwischen den Knochen zeigen, daß der mittelpaläolithische Jäger dieses Tier zerlegt hat.

Cannstatt erschienen ebenfalls Skeletteile von Waldelefanten sowie von Hirschen zusammen mit abgeschlagenen Geweihen und jeweils mit Steingeräten. Ein 2,5 m langer Stangenrest wird als Jagdwaffe gedeutet. Insgesamt ähnelt diese Situation den Verhältnissen bei Neumark-Nord.

Die Bedeutung der Jagdlager

Auffällig ist, daß an den Schlachtplätzen lediglich Abschläge aus Feuerstein ohne jede weitere Zurichtung als Schneidgeräte auftreten. Sie wurden in den eindeutigen Fällen offensichtlich immer erst beim Eintreffen des Menschen am Tierkörper aus örtlich vorkommenden geeigneten Geröllen oder Geschieben hergestellt. Es erhebt sich die Frage, ob mit diesen Messern so große Tiere wie Elefanten oder Nashörner zerlegt werden konnten. In der Publikation des Befundes von Lehringen wurde ein diesbezügliches Experiment vorgestellt. Dabei wurden mit modern zugeschlagenen Feuersteinwerkzeugen zwei verendete Zirkuselefanten zerlegt. Sie eigneten sich durchaus gut für die Zertrennung der 2,5 cm dicken Haut, des Muskelfleisches und der Sehnen. Gezähnte Arbeitskanten waren besser geeignet beim Auftrennen der Haut, unretuschierte Abschläge mit glatten dünnen Schneiden statt dessen zum Fleischschneiden. Um die Haut zu lösen, konnten schlegelartige Geräte aus Holz benutzt werden. Nach dem Abhäuten war es notwendig, die Eingeweide und andere Innereien zu entfernen, um ein frühzeitiges Sauerwerden des Fleisches zu verhindern. Eine Gruppe von vier Männern genügte vollauf, um einen Elefanten in kurzer Zeit wirkungsvoll zu zerlegen. Wir dürfen allerdings nicht übersehen, daß bei allen hier aufgeführten Befunden keine Beweise für die vollständige Verwertung solch großer Tierkörper von drei bis fünf Tonnen Gewicht vorliegen. Wenn überhaupt von diesen Tierkörpern Fleisch und Innereien als Nahrung verwertet wurden, dann nur im beschränkten Umfang. Auch andere Beweggründe haben die Jäger an die Elefantenkadaver herangeführt, wie z. B. die Nutzung von organischen Rohstoffen, die diese Tierkörper während eines weit fortgeschrittenen Zersetzungsstadiums freigaben.

Aus Mangel an Formmerkmalen können die einfachen Abschlag- und Klingenmesser, die an den erwähnten Zerlegungsplätzen auftreten, nicht in kulturelle Zusammenhänge mit bereits bekann-

108 Geräte aus Feuerstein von Neumark-Nord mit gezähnter Schneide dienten der Holzbearbeitung.

ten Geräteinventaren gebracht werden, wie z. B. im Falle von Neumark-Nord mit dem gleichaltrigen Inventar der Fundstelle im Travertin von Ehringsdorf, wo zwar die gleiche Schlagtechnik angewandt wurde, aber eine große Zahl von speziellen ein- und zweiflächig sowie an den Kanten sorgfältig bearbeiteten Geräten auftritt. Das sind Faustkeile, Fäustel, Keilmesser, Blattschaber, verschiedene andere Schabervarianten, einfache und doppelte Spitzen, Klingengeräte und andere Typen mehr – Geräte, wie sie für längerfristig genutzte Lagerplätze typisch waren, wo man Zeit hatte, sich mit derartigen Arbeiten, oft wohl auch nur aus ästhetischen Gründen, mit hohem Aufwand abzugeben. So kann das Artefaktmaterial von Neumark-Nord auch nicht als Ausdruck einer neuen kulturellen Gruppe angesehen werden, sondern nur als eine besondere ökonomisch bedingte Ausprägung (»Fazies«) einer Kulturgruppe, die durchaus der Ehringsdorfer Gruppe entsprach. Bei ökonomischen Zwängen, wie jenen der Jagd, konnten lediglich den Augenblicksanforderungen genügende notwendige Werkzeuge hergestellt werden. Außer den Jagdwaffen wurden wohl kaum besondere Werkzeuge mitgeführt, es sei denn, das eine oder andere Ausrüstungsstück, wie das in einem Griff geschäftete Messer von Neumark-Nord.

Die Speere und Wurfhölzer von Schöningen II/4, die etwa 350 000 bis 370 000 Jahre alt sind, die Lanzen- oder Speerspitze aus Eibenholz von Clacton on Sea mit einem ähnlichen Alter und die aus Eibenholz hergestellte Lanze von Lehringen mit einem Alter von 125 000 Jahren berechtigen zu der Behauptung, daß auch die Jäger von Neumark-Nord mit derartigen Jagdwaffen ausgerüstet waren. Leider wurden trotz guter und reichlicher Holzerhaltung keine Holzgeräte in Neumark-Nord gefunden. Auf den höheren Teilen der Uferzone wurden zahlreiche Feuersteinartefakte entdeckt, die auf Werkplätze zurückzuführen sind. Hier kamen auch die Feuersteingerölle vor, die aus der Grundmoräne ausgewaschen waren. Sie wurden mit Hilfe von Schlagsteinen, die hier auch gefunden wurden, zu Kernsteinen zugerichtet, um davon flache Abschläge zu gewinnen. Die größeren, als Schneidgeräte brauchbaren Abschläge waren selten. Sie tauchten jedoch auf der inneren Uferzone auf den Zerlegungsplätzen und in deren Nähe auf. Sie zeigen auch meistens deutlichen Gebrauchsglanz an ihren Schneiden. Im Gegensatz zu den Werkplätzen kamen auf der inneren Uferzone auch keine Kernsteine, Präparationsabfälle und Schlagsteine vor. Auf den Werkplätzen, und zwar nur auf diesen, wurden noch zwei besondere Gerätetypen festgestellt, die darauf verweisen, daß auf diesen Plätzen und den mit ihnen verbundenen Lagern auch andere Arbeiten durchgeführt wurden als nur die Herstellung von Abschlägen mit Schneidkanten.

109 Ein weiterer charakteristischer Gerätetypus von Neumark-Nord: tief gebuchtete Geräte aus Feuerstein zur Bearbeitung von Speerschäften.

Es sind Geräte aus Abschlägen, die durch eine spezielle Kantenbearbeitung grob gezähnte, sägeartige Schneiden erhielten sowie Geräte mit retuschierten Buchten. Diese sind 3 bis 5 cm breit. Durch Gebrauch splitterten unregelmäßige Vorsprünge der retuschierten Kante aus, so daß die Buchten eine regelmäßige Halbkreisform erhielten. Auch die Zähne der sägeartigen Schneidgeräte tragen feine Aussplitterungen als Gebrauchsspuren. Diese beiden Geräteformen sind spezielle Geräte zur Holzbearbeitung. Wir finden z. B. deutliche, längs gerichtete, meist parallele Rillen und Schrammen, die mit derartigen Geräten erzeugt wurden, auf den Speeren von Schöningen wieder. Auf den Werkplätzen von Neumark-Nord wurden also Jagdwaffen aus Holz hergestellt. Die gezähnten Geräte dienten zum Abtrennen von Enden und Zweigen, die gebuchteten Stücke zum Schaben und Abspanen. Ihre Durchmesser entsprechen jenen bekannten Maßen der Speere und Wurfhölzer von Schöningen. Die Jäger von Neumark-Nord nutzten also ihre Aufenthalte am See, um ihre Jagdgeräte wieder herzurichten oder durch neue zu ergänzen.

Holzkohlen lassen diese längeren Aufenthalte erkennen, denn sie deuten auf die Lagerfeuer hin. Und zerschlagene Tierknochen in größeren Mengen an diesen Stellen zeigen auch, daß ein großer Teil der Beute, die hier gemacht wurde, verzehrt wurde. Es ist auffällig, daß sich Werkplätze und Lager nur in den östlichen und südlichen Teilen der Seeumgebung befunden haben, und zwar in der Übergangszone vom äußeren zugänglichen Ufer zu den benachbarten Hochflächen. Diese Speisereste wurden bereits bei zwei verschiedenen Konzentrationen nach ihrer Zusammensetzung bestimmt. Dabei stellte sich heraus – wie oben bereits angedeutet –, daß die grazilen Hirsche, also die Damhirsche, mit 78% bzw. 59% überwogen. Große Hirsche (Rothirsche, selten Riesenhirsche) traten mit 9% (5,5%) auf. Wildrinder kamen mit 7% (26%), Nashörner mit 2,1% (5,1%), Wildpferde mit 1,9% (2,2%), Elefanten mit 0,6% (0,6%) vor, und selten traten jeweils Löwe, Fuchs, Bär und große Vögel auf. Diese beiden Beispiele sprechen für eine gezielte Jagd auf Hirsche, vor allem auf Damhirsche, was auch dem häufigsten Vorkommen jagdbaren Wildes in der Umgebung des Sees entspricht. Bei dem ersten Beispiel überwiegen sogar Hirsche mit über drei Vierteln der gesamten Speisereste. Beim zweiten Beispiel dagegen kommen auch Wildrindreste sehr häufig vor, was ebenfalls auf eine gezielte Jagd schließen läßt.

Es ist anzunehmen, daß auf Grund der geringen Entwicklungsschritte, die während des geschilderten Zeitraumes festzustellen sind, die Verhältnisse von Neumark-Nord durchaus auch auf Bilzingsleben und Schöningen übertragen werden können. So ist es möglich, das Lebensbild des frühen Menschen, das uns der Lagerplatz von Bilzingsleben bietet, um die jägerischen Aktivitäten von Neumark-Nord und die Geschehnisse nach erfolgreicher Jagd, wie sie uns Schöningen vermittelt, zu ergänzen.

Bilzingsleben zeigt ein Lager, das längere Zeit dauerhaft besiedelt war. Es vermittelt die künstliche Umwelt, die sich der frühe Mensch bereits geschaffen hat, mit einfachen Wohnbauten, dem Feuer und den Arbeitsplätzen. Darüber hinaus können Lebens- und Arbeitsspuren erkannt werden, wie sie bei längerem Aufenthalt und den damit verbundenen Aktivitäten, vor allem bei sich allmählich herausbildenden Gewohnheiten im individuellen wie im Gruppenverhalten, entstehen. Dazu kommen Hinweise auf geistige Aktivitäten und besonderes kulturelles Verhalten, z. B. frührituelle Handlungen. In Verbindung damit waren die Fähigkeiten zum abstrakten Denken und zur Sprache wichtige kulturelle Errungenschaften. Dieses dadurch erkennbare Lebensbild kann durch Aktivitäten erweitert werden, die außerhalb des Lagers notwendigerweise durchgeführt werden mußten und ihren Niederschlag im Lager fanden, wie vor allem der Nahrungserwerb und die Ernährungsweise.

Das ganze Bild steht in enger Beziehung zur natürlichen Umwelt, deren Verhältnisse bis in kleine Details rekonstruiert werden konnten. So waren es warmklimatische Verhältnisse, unter denen eine Waldlandschaft entstanden war, die aber zum großen Teil aus lichten parkartigen Wäldern bestand und mit offenen Steppenwiesen durchsetzt war. Es herrschten Eichenmischwälder und Hainbuchenwälder vor, die jeweils durch Beimischung zahlreicher mediterran und subkontinental verbreiteter Arten Gesellschaften und Verbände bildeten, die heute für süd- und südosteuropäische Verhältnisse typisch sind, wie Eichen-Buchsbaumwälder, Buchsbaum-Fliedergesellschaften und andere Strauchgesellschaften. Prinzipiell waren bei Schöningen und Neumark-Nord ähnliche Vegetationstypen entwickelt. Während des klimatischen Optimums der Warmzeit von Schöningen (II/1) waren es ebenfalls Eichenmischwälder und Hainbuchenwälder mit lokalen Auflockerungen, während ihrer Spätphase aber Waldsteppen mit Parktaigen und Wiesensteppen. Für Neumark-Nord waren Tatarenahorn-Eichensteppenwälder mit Steppenwiesen, wie der Federgrasflur, typisch. In allen Fällen stellten diese Landschaften ideale Lebensräume mit einem hohen Angebot an Futtermasse für die großen Herbivoren dar.

Der Wildreichtum zog auch den Menschen an. Er bevorzugte Großwild, wobei besonders häufig vorkommende, in Herden lebende Tiere absichtlich am häufigsten gejagt wurden. Es waren Hirsche, Wildpferde, Nashörner und Wildrinder. Der See von Neumark-Nord mit seiner Umgebung und seinem Wildreichtum zeigt uns einen Lebensraum, wie ihn die Jäger aufsuchten, um Beute zu machen. Es war ein Lebensraum mit allen Details, wie wir ihn auch heute von den Wasserstellen wildreicher Gegenden kennen, z. B. in der Serengeti Ostafrikas. Dank Neumark-Nord können wir uns jetzt jene Plätze vorstellen, die von den frühen Menschen in Mitteleuropa unter warmklimatischen Bedingungen auf ihren Jagdzügen aufgesucht wurden. Hier konnten wir auch

110 Die Speere von Schöningen lassen Arbeitsspuren erkennen, die bei ihrer Bearbeitung mit gebuchteten Geräten entstanden.

nachweisen, welche Tiere unter dem natürlichen Angebot ausgewählt und bejagt wurden, daß die Jäger auch längere Zeit auf Rastplätzen mit Feuerstellen verweilten und hier ihre Beute verzehrten. Es sind Hinweise auf Beute- und Zerlegungsplätze vorhanden. Insgesamt ergibt sich ein aufschlußreiches Bild der Konfrontation des frühen Menschen mit seiner Umwelt.

Bei Schöningen (II/4) wurden wiederum ganz andere Verhältnisse angetroffen, nämlich ein offener Platz am Ufer eines flachen Sees, auf den das erbeutete Wild getragen wurde, um es aufzubereiten und zu verarbeiten. Auch hier waren, wie die Feuerstellen zeigen, längere Aufenthalte notwendig. Dieser Platz zeigt auch eindringlich, daß sich der frühe Mensch unter den Anforderungen seiner Umwelt auf ein bestimmtes Wild extrem spezialisierte, wie in diesem Falle auf das Wildpferd. Die in einzigartiger Weise erhalten gebliebenen Jagdwaffen aus Holz vervollständigen das Bild.

Alle anderen Fundstellen in Mitteleuropa und in Gebieten weiter außerhalb können diese Ergebnisse lediglich in Teilbereichen bestätigen, selten auch ergänzen, so daß aus den geschilderten Forschungen am frühen Menschen in Mitteleuropa das derzeit umfangreichste Lebensbild rekonstruiert werden kann. Unumstritten haben auch die anderen Fundstellen ihre große Bedeutung – für die Untersuchung einer größeren Region, von Wanderungen und Ausbreitungsvorgängen, für die Untersuchung des Prozesses der kulturellen Adaption. Sie haben ihre Bedeutung für die lokalen Nachweise der damaligen Existenz von Mensch und Kultur. So ist z. B. daraus das Vorhandensein und die Verbreitung des durch gleichartige Artefaktinventare gekennzeichneten »Kulturkreises« des späten Homo erectus abzuleiten.

Der Mensch vor 400 000 Jahren – ein kulturelles und bewußtes Wesen

Das allgemeine und für den Evolutionsprozeß von Mensch und Kultur wichtigste Ergebnis der Untersuchung und Darstellung unserer Fundstellen ist, daß der frühe Mensch vor 500 000 bis 200 000 Jahren ein geistig bereits relativ hoch entwickeltes Wesen war, das »sich seiner selbst und seiner Handlungen bewußt« war. Er lebte als Wildbeuter und Sammler in locker bewaldeten, teilweise offenen Landschaften. Er schuf sich eine Kultur, auch wenn sie noch recht einfach strukturiert und beschaffen war. Er lebte bereits in für den Menschen typischen gesellschaftlichen Verhältnissen. Mit Hilfe dieser Errungenschaften und seiner Fähigkeiten paßte er sich an neue Umweltverhältnisse an und erschloß sich neue Lebensräume, so, wie er sich zuvor den Lebensraum des gemäßigten Klimagebietes erschloß. Das war ein Prozeß, der in den nachfolgenden Zeiten des jüngeren Eiszeitalters immer deutlicher und wichtiger wurde und dem Menschen schließlich zur Anpassung und zum Überleben in einer extremen, kaltklimatisch geprägten Umwelt verhalf. In Wechselwirkung mit diesem Prozeß entwickelten sich sein Geist und seine Kultur weiter.

Der »Bilzingslebener« – der Prototyp des Homo erectus in Europa

Zum Schluß sollen noch einige Worte zum frühen Menschen aus Bilzingsleben gesagt werden. Die anatomischen Merkmale seiner Schädelknochen und der daraus möglichen Schädelrekonstruktion nach Emanuel Vlček sind so markant, daß bei einem guten seriösen Vergleich mit anderen fossilen Funden eine andere Diagnose als »Homo erectus« überhaupt nicht in Frage kommen kann. Verschiedene Ansichten, die ihn als eine andere Variante des fossilen Menschen erklären wollen, sei es, weil nach ihnen ein typischer Homo erectus niemals in Europa existiert habe oder ab einer bestimmten Zeit kein Homo erectus mehr auftreten darf, und nach denen, vor allem einer eurozentristischen Ansicht, der Bilzingslebener ein »Protoneandertaler« oder ein »Präneandertaler« oder, trotz der extremen morphologischen Unterschiede, ein früher Homo sapiens gewesen sein soll, entbehren einer gut fundierten anatomischen Kenntnis oder einer seriösen Untersuchung. Es läßt sich beobachten, daß zur Zeit Ideologien und philosophische Betrachtungen in der Paläoanthropologie eine wesentlichere Rolle spielen als exakte anatomische Studien an den originalen Funden. Deshalb können auch alle neuen Ideen oder Hypothesen nicht ernst genommen werden, so lange ihnen die kritisch untersuchte Basis fehlt. Es sollte eher abgewartet werden, was mit den Indizien geschieht, auf denen sie aufbauen.

Die Funde von Bilzingsleben sind vorläufig der sicherste Nachweis der Existenz eines Homo erectus in Europa. Er kann nicht den Namen »Homo heidelbergensis« tragen, da ein Taxon in der Humanevolution nicht allein auf Kiefern oder Zähnen, sondern auf der Morphologie des Schädels aufgebaut werden muß. So hat die Bezeichnung »Homo heidelbergensis« nur forschungsgeschichtlichen Wert. Sie kann auch nicht als wissenschaftliche Bezeichnung für eine ältere Fossilgruppe von Funden in Europa herhalten, deren Zugehörigkeit zum Homo erectus abgelehnt und mit älteren Funden des archaischen Homo sapiens vermischt wird (Spektrum der Wiss. 6/1997). Nach dieser Hypothese gab es den Typus des Homo erectus nur in Asien, wo er sich aus sehr früh von Afrika nach Asien gewanderten Formen, die als Homo ergaster bezeichnet werden, entwickelt haben soll. Als Belege für diese frühe Ausbreitung werden der zeitlich und in seiner phylogenetischen Stellung umstrittene Unterkiefer von Dmanisi und ein kleines Kieferbruchstück mit zwei Zähnen von Longgupo, das 1,9 Millionen Jahre alt sein soll, angeführt. Zu diesem südchinesischen Fund gibt es bereits wieder sehr kritische Einwände und Altersangaben von weniger als 1 Million Jahren. »Eine derart frühe erste Ausbreitung von Menschen würde vor allem auch endlich (!) erklären, wieso man an den asiatischen Fossilfundplätzen niemals Geräte fortschrittlicher Technologie gefunden hat« (Spektrum der Wissenschaft 6/1996 S. 67). Das soll heißen, daß der in

111 Homo erectus bilzingslebenensis, Individuum 2. Rekonstruktion von Emanuel Vlček, Prag.

Asien sich entwickelnde Homo erectus keinen Anteil an der Entwicklung der Kultur gehabt habe. Auch die Artefakte von Choukoutien, die den Artefaktbeständen von Bilzingsleben sehr ähneln und deren Kulturträger, der Homo erectus pekinensis, in seinem Schädelbau mit dem Bilzingslebener übereinstimmt, sollen diesen primitiven Zustand noch beweisen: der Homo erectus also ein Wesen, das nicht zu einer fortschrittlichen Kultur fähig war. Auf einer ähnlichen Ebene liegt eine ideologisch gefärbte Hypothese. Nach ihr gab es erst eine kulturelle Entwicklung und Entfaltung in der Zeit nach 40000 Jahren vor heute. Man spricht sogar von einer Art »Kulturexplosion«, weil in dieser Zeit ohne bekannte große Vorbereitung die sogenannte jungpaläolithische Kunst mit Kleinplastiken, symbolischen und figurativen Ritzungen sowie den eindrucksvollen Höhlenmalereien auftritt. Sie ist mit dem erst zu dieser Zeit in Mittel- und Westeuropa faßbaren modernen eiszeitlichen Homo sapiens verbunden. Da man derartige Dinge aus den davorliegenden Perioden nicht kennt, lehnt man auch die für diese Zeit typischen anderen kulturellen Erscheinungen ab. Sie sollen lediglich als Hilfsmittel für die Erfüllung eines rein animalischen Triebes, der Beschaffung von Nahrungsmitteln, sagen wir vielleicht sogar besser von »Futter«, angefertigt worden sein. Da diese Hilfsmittel – z. B. die Steingeräte und ihre Techniken – bei sehr oberflächlicher Betrachtung keinen ideellen Hintergrund erkennen lassen, leugnet man auch ihre Eigenschaft und Bedeutung als kulturelle Ausdrucksmittel und Erscheinungsformen. Da aus diesem Grund die Neandertaler und alle menschlichen Ahnen, die vor seinem Verschwinden vor 40000 bis 35000 Jahren existiert haben, so der archaische Homo sapiens, die Vorfahren des Nerandertalers und der Homo erectus, nicht als kulturfähige Wesen anerkannt werden, darf man sie auch nicht als »Menschen« bezeichnen. Es wird vorgeschlagen, sie wenigstens noch als »Hominide«, also »Menschenartige« zu bezeichnen. Das ist der Begriff für die Familie, die neben den Menschen auch die höheren Affen umfaßt. In dieser Perspektive ist der Homo erectus von Bilzingsleben also ein hoch entwickelter Affe.

Nun, wir wissen es besser. Bilzingsleben und Schöningen sind ein nicht zu leugnender Beweis dafür. Die wissenschaftliche Erforschung unserer eigenen stammesgeschichtlichen Vergangenheit ist ein derart bedeutender Gegenstand, daß eine hohe Verantwortung des Wissenschaftlers, der sich damit befaßt, gefordert werden muß. Wie soll man sonst noch ihm und seinen Forschungsergebnissen Vertrauen entgegenbringen?

Danksagung

Außer auf eigene Arbeiten und die tätige Mithilfe meiner Frau Ursula Mania auf allen Fundstellen und in allen Bereichen unseres Forschungsobjekts Bilzingsleben stützt sich der vorliegende Bericht auf die Arbeitsergebnisse unserer »Arbeitsgruppe Bilzingsleben«, die auch einen großen Anteil an der Untersuchung des Fundmaterials von Neumark-Nord hat bzw. mit laufenden Untersuchungen der umfangreichen Grabungsergebnisse von Bilzingsleben und Neumark-Nord beschäftigt ist. Ihnen sowie Ursula Mania wird dafür herzlich gedankt. Es sind folgende Fachkollegen zu nennen: Dr. Manfred Altermann (Halle/Saale), Dr. Gottfried Böhme (Berlin), Prof. Karl Brunnacker (Köln), Dr. Jan Burdukiewicz (Wroclaw), Dr. Klaus Erd (Berlin), Dr. Karlheinz Fischer (Berlin), Prof. Ann Forsten (Helsinki), Dr. Roland Fuhrmann (Leipzig), Ing. Thomas Gerlach (Dresden), Dr. Bernhard Gramsch (Potsdam), Dipl.-Biol. Walter Hebig (Dresden), Dr. Wolf-Dieter Heinrich (Berlin), Prof. Klaus-Dieter Jäger (Halle/Saale), Dr. Peter Lange (Orlamünde), Dr. Jan van der Made (Madrid), Prof. Dieter-Hans Mai (Berlin), Prof. Rudolf Musil (Brno), Dr. Erika Pietrzeniuk (Berlin), Prof. Henry P. Schwarcz (Hamilton), Prof. Walter Steiner (Weimar), Prof. Herbert Süß (Berlin), Dr. Alan Turner (Liverpool), Dr. Karel Valoch (Brno), Prof. Emanuel Vlček (Praha), Dr. Thomas Weber (Magdeburg), Dr. Friedrich Wiegank (Potsdam). Es soll auch der verstorbenen Mitarbeiter der Arbeitsgruppe dankbar gedacht werden: Dr. Volker Toepfer (Halle/Saale), Dr. Kurt Diebel (Berlin), Prof. Ekke W. Guenther (Ehrenkirchen) und Dr. Tilo Nötzold (Berlin). Unser Dank erstreckt sich weiter auf Mitarbeiter des Forschungsunternehmens im Tagebau Neumark-Nord. Er gilt besonders Dr. Matthias Thomae (Mücheln,Wörlitz), dem ehemaligen Geologen des Tagebaus, und weiteren Fachkollegen wie Dipl.-Ing. Maria Seifert (Freiberg/Sachsen), Dr. Hansjürgen Döhle (Halle/Saale), Dr. Thekla Pfeiffer (Bonn), Dr. Volker Karl (Erfurt), Dr. Ludwig Zöller (Heidelberg-Freiburg/Breisgau), Peter Karelin (Heidelberg), Prof. Thomas Litt (Bonn). Meine Mitarbeit am Forschungsprojekt Tagebau Schöningen stellt die Beziehungen zu Arbeitsergebnissen von Dr. Hartmut Thieme (Hannover), dem Leiter dieses Projekts, und einigen seiner Mitarbeiter her, vor allem von Prof. Brigitte Urban (Suderburg) und Dr. Thijs van Kolfschoten (Leiden). Besonders Hartmut Thieme schulde ich Dank für die Erlaubnis, auf seine neuesten Entdeckungen einzugehen und Arbeitsergebnisse seiner Forschergruppe einschließlich einiger Farbbilder zu publizieren.

Schließlich danke ich allen Einrichtungen, die Forschungsarbeiten am Projekt Bilzingsleben finanziert haben und finanzieren. Seit 1989 sind das die Friedrich-Schiller-Universität Jena, die Volkswagen-Stiftung Hannover, die Leakey-Foundation in den USA, die Deutsche Forschungsgemeinschaft Bonn, über die Universität Jena hinaus das Ministerium für Wissenschaft, Forschung und Kultur Thüringens sowie das Landesamt für Denkmalpflege Thüringen. Vor 1989 wurde die Forschungsstelle Bilzingsleben durch das ehemalige Ministerium für Hoch- und Fachschulwesen finanziert. Seit 31. 8. 1996 beteiligt sich der Förderverein »Bilzingsleben – World Culture Monument e.V.« an der Finanzierung. Über das Projekt Bilzingsleben wurde die wissenschaftliche Arbeit im Tagebau Neumark-Nord von der Volkswagen-Stiftung finanziert.

Die Forschungsarbeiten bei Bilzingsleben werden von zahlreichen freiwilligen Helfern sowie Studenten im Praktikum unterstützt. Dazu gehören auch die beiden technischen Kräfte Angela Hitzel und Thomas Teich aus Bilzingsleben. Die umfangreichen Geländearbeiten im Tagebau Neumark-Nord wären nicht ohne die großzügige Unterstützung durch die jeweilige Tagebauleitung und durch die Anhaltinische Braunkohle Sanierungsgesellschaft mbH Geiseltal möglich gewesen. In dieser Hinsicht soll vor allem stellvertretend für viele Mitarbeiter des Tagebaus den Herren Wilfried Lauche, Peter Günther, Horst Schröder und Günter Sauer gedankt werden.

Außerdem gilt mein Dank den Direktoren der Landesämter für Archäologische Denkmalpflege in Weimar (Thüringen), Frau Dr. habil S. Dušek, und in Halle (Sachsen-Anhalt), Herrn Dr. habil. S. Fröhlich, für die Genehmigung der Untersuchungen in Bilzingsleben und Neumark-Nord.

Ausgewählte Literatur

Autorenkollektiv, »Homo erectus – seine Kultur und Umwelt«. II. Bilzingsleben-Kolloquium. Ethnogr.-Arch. Zeitschr. 20, 1979, 577–723; 21, 1980, 1–74.

Autorenkollektiv, »Homo erectus – seine Kultur und Umwelt«. III. Bilzingsleben-Kolloquium. Ethnogr.-Archäol. Zeitschrift 24, 1983, 193–374; 401–569.

Autorenkollektiv, »Homo erectus – seine Kultur und Umwelt«. IV. Bilzingsleben-Kolloquium. Ethnogr.-Arch. Zeitschr. 30, 1989, 194–314; 369–531; 561–672; 31, 1990, 1–134.

Autorenkollektiv, »Homo erectus – seine Kultur und Umwelt«. V. Bilzingsleben-Kolloquium. Ethnogr.-Arch. Zeitschr. 34, 1993, 473–643; 35, 1994, 1–117.

Autorenkollektiv, Praehistoria Thuringica 1, 1997, 1–96 (Artern, Zeitschrift des Fördervereins »Bilzingsleben – World Culture Monument« e.V.).

K. Fischer, E. W. Guenther, W. D. Heinrich, D. Mania, R. Musil u. T. Nötzold, Bilzingsleben IV. Veröff. Landesmus. Vorgesch. Halle 44 (Berlin 1991).

W. Henke u. H. Rothe, Paläoanthropologie (Berlin, Heidelberg 1994).

D.-H. Mai, Einige exotische Gehölze in den Interglazialfloren der mitteleuropäischen Florenregion. Feddes Repertorium 99, 1988, 419–461.

D.-H. Mai, D. Mania, T. Nötzold, V. Toepfer, E. Vlček u. W. D. Heinrich, Bilzingsleben II. Veröff. Landesmus. Vorgesch. Halle 36 (Berlin 1983).

D. Mania, Auf den Spuren des Urmenschen (Berlin 1990).

D. Mania u. A. Dietzel, Begegnung mit dem Urmenschen (Leipzig, Jena, Berlin 1980).

D. Mania, E. Vlček u. V. Toepfer, Bilzingsleben I. Veröff. Landesmus. Vorgesch. Halle 32 (Berlin 1980).

D. Mania, U. Mania, W. D. Heinrich, K. Fischer, G. Böhme, A. Turner, K. Erd u. D.-H. Mai, Bilzingsleben V (Bad Homburg, Leipzig 1997).

D. Mania, M. Thomae, T. Litt, T. Weber u. a., Neumark- Gröbern. Beiträge zur Jagd des mittelpaläolithischen Menschen. Veröff. Landesmus. Vorgesch. Halle 43 (Berlin 1990).

M. Schwarzbach, Das Klima der Vorzeit (Stuttgart 1974).

W. Soergel, Die Jagd der Vorzeit (Jena 1922).

E. Steitz, Die Evolution des Menschen (Stuttgart 1993).

J. Steve, R. Martin u. D. Pilbeam, The Cambridge Encyclopedia of Human Evolution (Cambridge 1992).

H. Thieme, Altpaläolithische Wurfspeere aus Schöningen, Niedersachsen. Archäol. Korrespondenzbl. 26, 1996, 377–393.

H. Thieme, R. Maier u. a., Archäologische Ausgrabungen im Braunkohlentagebau Schöningen, Ldkr. Helmstedt (Hannover 1995).

V. Toepfer, Die Tierwelt des Eiszeitalters (Leipzig 1963).

Der Autor

Dr. rer. nat. habil. Dietrich Mania (1938), apl. Prof. für Archäologie des Eiszeitalters, Univ. Jena, Mitglied der Akademie Gemeinnütziger Wissenschaften zu Erfurt e.V.

Studium der Ur- und Frühgeschichte, Geologie und Paläontologie. 1961 Teilnahme an einer deutsch-mongolischen, ethnographisch-archäologischen Expedition in die Mongolei. 1961–70 Mitarbeiter am Geologisch-paläontologischen Institut der Univ. Halle-Wittenberg. Arbeiten zur Stratigraphie, Paläontologie, Klimaentwicklung und Ökologie des Quartärs im Saalegebiet und im Harzvorland. Entdeckung und Untersuchung der Abfolge des Aschenlebener Sees sowie Ausgrabung der mittelpaläolithischen Ufersiedlung Königsaue. Seit 1969, nach Entdeckung des ersten menschlichen Fossils im Travertin von Bilzingsleben: Aufbau und Leitung der Forschungsstelle »Homo erectus – seine Kultur und Umwelt«. Aufbau eines Teams im Sinne interdisziplinärer Integration am Landesmuseum für Vorgeschichte in Halle, seit 1993 als Forschungsstelle Bilzingsleben an der Univ. Jena.

Weitere Forschungsarbeiten: 1977–80 mit Wilfried Baumann, Dresden, geologisch-archäologische Ausgrabung Acheuléens von Markkleeberg im Tagebau südlich von Leipzig. 1985 mit Dr. Matthias Thomae, Wörlitz, geologisch-paläontologisch-archäologische Untersuchung des interglazialen Sees im Tagebau Neumark-Nord (Geiseltal), Auswertung mit Hilfe des Bilzingsleben-Forscherteams. Seit 1992 Mitarbeit im Projekt von Dr. Hartmut Thieme, Hannover, im Helmstedter Braunkohlenrevier.

Zahlreiche Publikationen seit 1961, vielfach in Zusammenarbeit mit Fachkollegen.

Seit 1975 Veranstaltung von bisher sechs Internationalen Bilzingsleben-Kolloquien.

Bildnachweis

Die doppelseitigen Lebensbilder (Seiten 44/45, 64/65, 90/91) von Christian Paschold sollen vor allem einen Eindruck der damaligen Umweltverhältnisse vermitteln, der dargestellte Menschentypus entspricht nicht in allen Zügen dem Stand der Forschung. Alle sonstigen Abbildungen stammen vom Autor, ausgenommen die folgenden:

1 Kurpfälzisches Museum, Heidelberg; 81 Staatliches Museum für Naturkunde, Stuttgart; 92 M. Thomae, Wörlitz; 107 J. Erfurt, Halle.